你的人生不是慘
只是比較多
挑 戰

一路順遂哪有什麼樂趣，
谷底反彈才算精彩人生！

**外在局勢多複雜，內心就有多糾結；
想要掙脫現狀，要先改造你自己！**

U0075146

目錄

——目錄

第六章　你一個人的力量實在太小了

第七章　人生需要一種適當的認命

目錄

前言

生活中的細節和習慣，會因為心態而改變我們的人生。

我們為了更好的生活，努力行走、奔跑。然而，世界是豐富的，有許多東西令人滿意，也有許多東西令人討厭。不管我們願不願意接受，兩者都會如期而至。在人們在前進的路上，有人被事業所困，有人被愛情所困，有人被家庭所困，有人被健康所困……而且，一個困境解決了，又有新的困境來臨，連綿不斷，無止無休。

譚嗣同曾經說過：「人生世間，天必有以困之：以天下事困聖賢困英雄，以道德文章困士人，以功名困仕宦，以貨利困商賈，以衣食困庸夫。」也許，這就是真實的人生。

人生的風雨是立世的訓喻，生活的困境是人生的老師。托爾斯泰（Leo Tolstoy）、達爾文、牛頓、范仲淹等知名人士，都經歷坎坷，他們一路走過，最終戰勝惡劣的處境，擁有輝煌的人生。

無論是強者還是弱者，都不可能與困境絕緣。困境是一塊試金石，困境是一劑清醒藥。強者在困境中破繭成蝶，弱者在困境中沉淪敗落。

人生處處有困境，想做生活的強者，就必須學會從困境中破繭而出，從而使生命邁上一個更高的臺階。

身處困境，一味妥協肯定不可取，但一味抗爭也未必高明。因為有的困境只是分娩時的陣痛，你的妥協會造成「胎死腹中」的嚴重惡果；而有的困境是一盞紅燈，明確警告你此路不通，你強行闖關的後果會很嚴重。不同的困境需要運用不同的應對之術。

如果你正身處困境，請打開本書。相信你在閱讀之後，會有心頭一亮的感覺。

編者

———前言

第一章　假如生活欺騙了你

對於人生，可以確定的是，每個人都曾遇到過令人難以應付、甚至覺得無從下手的困境，有些人會利用人生的困境使自己成長，有些人會在困境中潦倒一生。兩者之間的差異，首先取決於看待人生的方式。

有一句義大利諺語說：「即使是水果，成熟前味道也是苦的。」苦澀的感覺是成長與內心掙扎必然的一部分。我們可能常常這樣對自己說：「為什麼是我呢？我已經夠努力了，但命運總是跟我作對，這太不公平了。」誰不會有這種感覺呢？然而，如果你任由自己陷於怨恨與絕望中，你就永遠無法在人格發展上變得成熟，成長亦無從發生。痛苦的境遇就像是撒落在內心田野上的肥料一樣，可以促進自我的成長，內心的田野中的秧苗，會因為受到耕耘、施肥，而能夠更茁壯、健康的生長。

我們的人性並非一開始就發展得很完整。相反的，它是經過日常生活的競爭和挑戰之後才日臻完善的，就像一塊鐵在鐵匠的爐火中經過千錘百鍊才能成形。

困境如火，燒過草原，但倔強的小草在來年春天會在灰燼中重生，並且因灰燼的滋養而更加茂盛。

俄國著名詩人普希金（Alexander Pushkin）曾在一首詩中寫道──

> 假如生活欺騙了你，
> 不要悲傷，也不要氣餒！
> 在愁苦的日子裡，要心平氣和，
> 心裡把希望寄託於未來，
> 眼前的事情雖叫人苦惱，
> 但一切轉眼就會過去，
> 一過去，生活又充滿歡笑。
> 假如生活欺騙了你，
> 不要悲傷，不要心急，
> 陰鬱的日子需要鎮靜，
> 相信嗎？
> 那愉快的日子即將來臨，
> 心永遠憧憬未來，
> 現在卻常是陰沉，
> 一切都在瞬間，一切都是過去，
> 而那過去了的，
> 就會變成親切的懷念。

沒有什麼比現在更糟糕嗎

失戀了，有人會說：「沒有什麼比現在更糟糕的了」；被炒魷魚了，有人會說：「沒有什麼比現在更糟糕的了」；甚至於不慎丟失了一個手機，也會有人說：「沒有什麼比現在更糟糕的了」。事實真的是這樣嗎？

你現在不妨仔細想想，從小至今從你的口裡或心裡說過了多少次「沒有什麼比現在更糟糕」？小時候失手打碎了鄰居家的花瓶，少年時考試不及格，年輕時和初戀的愛人分手……這些類似的事情，在當時的你眼裡也許都是一件件糟糕透頂的事。你為此焦慮、悲傷，甚至痛不欲生。等事過境遷，你還會認為那些事情「糟糕透頂」嗎？

5歲那年的一天，我到一間無人的破廟裡去玩。當我爬到高高的窗臺上撿鳥蛋時，竟發現鳥窩裡盤著一條吐著紅信的蛇。我嚇得從窗臺上掉了下來，摔斷了手臂，還失去了左手的一根小指。

我當時嚇呆了，以為今生完了。但是後來身體逐漸痊癒，也就沒再為這事煩惱。現在，我幾乎不會想到自己的左手只有四根手指。

幾年前，我遇到一個修電梯的工人，他在事故中失去了左手臂。我問他會不會感到不便，他說：「只有在縫補東西的時候才會這麼覺得。」

別以為我們只有在年少時才會把「芝麻大」的事當成天大的事情。成年人也經常會自己誇大失敗和失望，以為那些事都非常重要，以至於每次都好像到了生死的關頭一樣。然而，許多年過去後，回頭一看，我們自己也會忍不住笑自己，為什麼當初竟把小事看得那麼重要呢？時間是治療挫折感的方式之一，只有學會積極面對困境，才能避免長時間的、漫長而痛苦的恢復過程，並且能使這個過程變成一段享受的時光。

對自己說「不要緊」

蘭蘭愛上了英俊瀟灑的張先生，她確信她找到了自己的白馬王子。可是有一天晚上，張先生委婉的對蘭蘭說，他只把是把她當作妹妹。妹妹？蘭蘭

聽了這句話，心中以張先生為中心構想的愛情大廈頃刻間土崩瓦解。那天夜裡蘭蘭在臥室裡哭了整整一夜，她甚至覺得整個世界都失去了意義。但是，隨著時光流逝，愛情的創傷在她心中慢慢結痂，只是觸及時還會有一些隱痛。蘭蘭隱約覺得將來會有另一個人成為她的白馬王子。果然，她認識了一個更適合她的年輕人，他們結婚生子，生活過得非常快樂。但是，有一天，她的丈夫告訴她一個壞消息：他們把投資做生意的錢賠光了。蘭蘭想：這下可糟了，以後一家人的生活要怎麼過呢？這時，她聽到了屋外孩子們玩耍的聲音，他們發出興奮的喊叫聲，她轉頭看去，正好看到孩子對著她笑。孩子燦爛的笑容使她立刻意識到，一切都會過去，沒有什麼大不了的。於是，她又打起精神來和家人度過了那個難關。她說：「人生在世，有許多緊要的事情，也有許多使我們的平靜和快樂受到威脅的事情，但冷靜想一想，實際上這一切也許都是無關緊要的，或者不像我們所想像的那麼重要。」

說「不要緊」不是要使自己變得麻木不仁，對困境無動於衷，而是要你冷靜與從容一點，從而變得更敏銳、更有智慧，使自己在困境中看到希望，享受到愛。

走出萎靡不振

人身處困境並不可怕，可怕的是失去上進的勇氣。當一個挫折撲面而來時，我們本能的反抗心理可能會給我們勇氣。然而，當一個又一個挫折接踵而至時，不少人高昂的鬥志便一點一點消融……。

風風雨雨，人生路上，幾番吹打，幾番迷茫，幾番行色匆匆。

年輕的生命，就像春天的草木，抱著理想，抱著希望，洋溢著青春的活力。只是由於經驗不足，還不太能經得起風雨的考驗。

試想，要是自然界沒有風雨，也許所有樹木都會是軟木質的；要是生活中沒有坎坷、挫折，任何人都不會擁有剛強的性格。正是風雨，培育了大樹；正是坎坷、挫折，造就了堪當重任的強者。

　　透過風雨中迷濛的霧靄，方能看得到成功和幸福的光芒在那裡閃爍。人生的風雨其實是一種跋涉於泥淖之中的境遇。

　　車爾尼雪夫斯基（Nikolay Chernyshevsky）曾說過：「歷史的道路不是涅瓦大街上的人行道，它是在田野中前進的，有時穿過塵埃，有時穿過泥濘，有時橫渡沼澤，有時行經叢林。」人的生活道路也並不總是灑滿陽光、充滿詩意，也常常會遇上沼澤、寒風或面臨荊棘叢生的小道。一時陷入困境，應該是人生中的一個必修課題。可能是考大學屢試不就，招來周圍的閒言碎語；可能是病魔纏身，呻吟於床褥，陷於深深的孤獨之中；可能是試圖痛改前非，奮力向前，不僅不被人所理解，反遭冷落挖苦；可能是遭到陷害，命運莫測，受盡委屈……。

　　沒有人能為生命貼上永久順利的標籤，但人面對困境時的選擇卻依然殊異。懦弱者嘗盡煩惱，度日如年；畏難者磨去銳氣，萎靡不振；有志者自強不息，在困境的荒野上開墾孕育價值的沃土。

　　困境吞噬意志薄弱的失敗者，並造就毅力超群的成功者。司馬遷「幽於糞土之中而不辭」，發憤著述，最終寫出《史記》這樣的曠古之作。貝多芬的數部交響曲，都是靠著對志業追求不息的信念作為生命支撐點，譜寫而成。丹麥的安徒生一貧如洗，全家睡在一個放棺材的木架上，常常流浪在哥本哈根的街頭巷尾，但卻成為世界文壇的名流豪傑；英國物理學家法拉第（Michael Faraday）出身貧寒，當過學徒、賣過報，吃了上一餐、缺下一餐，但卻百折不撓，發現了電磁感應定律，為人類敲開了電力時代的大門。

　　逆境並非絕境，在人類歷史的長河中，具有「坦途在前，人又何必因為一點小障礙而不走路」這樣的豪邁氣派，為科學和文明做出貢獻的前驅者，可謂滿目皆是，翻覽即見。

　　自然界有時能為人生提供生動的啟示，它彷彿一位飽經滄桑的哲人，為人們指點人生的迷津。馬登博士（Dr. Orison Swett Marden）曾這麼說，在風平浪靜的湖面上划船，用不著多少划船技巧和航行經驗。只有當海洋被暴

風雨激怒，濁浪排空，怒濤澎湃，船隻面臨滅頂之災，船中人相顧失色、驚恐萬狀之時，船長的航海能力才能被檢驗出來。

當你處於經濟窘迫、生活步履維艱、事業慘澹無光之時，你才是在接受考驗：你是一個懦夫，還是一個勇敢堅毅的英雄好漢？

歷史上幾乎所有的英雄豪傑都在暴風驟雨的時代湧現出來。凡是一個傑出的人物，都誕生於重重的磨難中，產生在十分惡劣的人生境遇之下。

人生的風雨是立世的訓喻，困境是人生的老師。

信念與熱情是成功的催化劑

生命的樂章要奏出強音，必須依靠熱情；青春的火焰要燒得旺盛，必須仰仗熱情。

有人說，熱情猶如火焰，當陰霾蔽日之時，指引你奔向光明的前程；有人說，熱情宛如溫泉，當冰凌滿谷之時，沖得你身心暖乎乎的；有人說，熱情好比葛藤，當你向險峰攀登之時，引導你拾級而上；也有人說，熱情就像金鑰匙，當你置身於人生迷宮之時，助你擷取皇冠上的明珠。

懷疑是信念之星的霧靄，在人迷惘的時候，遮住了人的雙眼；動搖是信念之樹的蛀蟲，在颶風襲來的時候，折斷挺拔的枝幹；朝秦暮楚是信念之舟的礁石，在潮汐起落的時候，阻止了奔向理想彼岸的腳步。

一個人擁有堅定的信念是最重要的，只要有堅定的信念，力量就會自然而生。

信念好比燈塔射出的明亮光芒，在朦朧浩瀚的人生海洋中，牽引著人們走向輝煌。高高舉起信念之旗的人，對一切艱難困苦都無所畏懼；相反的，信念之旗倒下了，人的精神也就垮了。而從來就不曾擁有過信念的人對一切都會畏首畏尾，在漫長的人生旅途中抬不起頭，挺不起胸，邁不開步伐，整天渾渾噩噩，看不到光明，因而也感受不到人生成功的幸福和快樂、熱情與喜悅。

信念在人的精神世界裡是最關鍵的支柱，沒有它，一個人的精神大廈就極有可能會坍塌。信念是力量的泉源，是勝利的基石。

「這個世界上，只要你自己的信念還站立著，沒有人能夠使你倒下。」這是著名的黑人領袖馬丁路德金恩（Martin Luther King, Jr.）的名言。

綜觀在事業上有成就的人，他們都具有堅定的信念。巴夫洛夫（Ivan Pavlov）曾宣稱：「如果我有所堅持，就算用大砲也不能打倒我。」高爾基（Maxim Gorky）指出：「只有滿懷信念的人，才能在任何地方都把信念沉浸在生活中並實現自己的意志。」事實已經反覆證明，自卑，是心靈的自殺。它像一根潮溼的火柴，永遠也不能點燃成功的火焰。許多人的失敗不是因為他們無法成功，而是因為他們不敢爭取。而信念，則是成功的基石。道理很簡單：人們必須對他所從事的事業充滿必勝的信念，才會採取相應的行動。如果沒有行動，再壯麗的理想也不過是沒有曝光的底片、一幅沒有彩圖的相框而已。

對科學信念的執著追求，促使瑪里‧居禮（Marie Curie）以百折不撓的毅力，從堆積如山的礦物中提煉出珍貴的物質 —— 鐳。就此，她曾說：

「生活對於任何一個男女都不容易，我們必須有堅忍不拔的精神，最重要的，還是我們自己要有信念。我們必須相信，我們對每一件事情都具有天賦和才能，並且無論付出任何代價，都要把這件事完成。當事情結束的時候，你要能夠問心無愧的說：『我已經盡我所能了。』
某一年的春天，我因病被迫在家裡休息數週，我看著我的女工們養的蠶結繭。這使我感興趣，望著這些蠶固執、勤奮的工作著，我覺得我和牠們非常相似。像牠們一樣，我總是耐心集中於一個目標。我之所以如此，或許是因為有某種力量在鞭策著我 —— 正如蠶被鞭策著去結牠的繭一樣。

近五十年來，我致力於科學的研究，而研究，基本上是對真理的探討。我有許多美好快樂的記憶。少女時期我在巴黎大學，孤獨的過著求學的歲月；在那個時期中，我丈夫和我專心致志、像在夢幻之中一樣，艱辛的坐在簡陋的書房裡研究，後來我們就在那裡發現了鐳。」

信念如處子，堅貞最可貴，雷擊而不動，風襲而不搖，火燒而不化，冰凍而不改。擁有信念的人，生活才更加充實，生命才更加絢爛。

惰性是才能的腐化劑

當古代以色列人離開埃及、被紅海阻攔時，他們的領袖向上帝祈求救助，上帝的回答是：「你為什麼向我呼喊求救呢？去對以色列的子民們說吧，他們會一直奮勇向前。」果然，當以色列人憑著堅定的信念走進紅海時，海水分開，在波濤滾滾之中，露出一條陸地通道，他們成功到達了彼岸。

惰性是一種隱藏在人內心深處的東西，一帆風順的時候，你也許看不到它，而當你碰到困難，身體疲憊，精神萎靡不振時，它就會像惡魔一樣吞噬你的耐力，阻礙你走向成功。所以，我們必須克服它，要隨時想辦法從困境的漩渦中掙脫出來。

古今中外，凡事業有成者必有耐力，堅定執著、不屈不撓的鬥志是他們獲得成功的關鍵。發明大王愛迪生在分析自己的親身經歷時，不無感嘆的說：「世上哪有什麼天才。天才是百分之一的天分，加上百分之九十九的努力。」他告誡人們，要有所作為，就必須克服惰性，以飽滿的熱情，堅定執著面對一切。

當你身心疲憊時，你會覺得連動一個小指頭都很吃力，可是靠著堅強的毅力，活動的速度也會加快，最終能夠完全按照自己的意志自由活動了，這就是克服惰性的耐力為你帶來的成功！

在人生的路上，有耐力的人遇到困難和挫折時，就像買了保險一樣鎮定自若，絕不會驚惶失措，更不會像鬥敗的公雞一樣垂頭喪氣。他們無論失敗多少次，最後仍然必定能達成事業的成功。

古人云：「天將降大任於斯人也，必先苦其心志。」這就彷彿是有人故意安排，成功者必須經歷種種失敗和挫折的考驗，只有不畏困苦的錘鍊，跌倒了也毫不在乎的站起來並繼續昂首前進的人，才能獲得最後的成功。隱藏在內心深處的惰性是不會讓人輕易通過耐力測試的。要享受成功的喜悅，換言之，就是要有堅強的耐力，就必須克服與生俱來的惰性。

有耐力的人就必定有所收穫。不管這些人的目標是什麼，他們在經歷無數的風雨之後，必定有贏得成功的一天。不僅如此，他們除了獲得最終的成功之外，還能從中深刻體會到 —— 無論是哪一次失敗和挫折的背後，都必然藏有能產生更大希望的成功。

縱觀古今，還沒有聽說過哪一個懶惰成性的人取得過什麼成功。只有那些在困難和挫折面前全力奮鬥的人，才有可能達到成功的巔峰，才有可能走在時代的最前列。而那些從來不願接受新的挑戰，不敢正視困難與挫折、無法迫使自己去從事艱辛繁重的工作的人，他們永遠不可能有太大的成就。

所以，我們應該嚴格要求自己，不要放任自己無所事事的打發時光；不要讓惰性爬出來吞噬我們的鬥志，我們要學會調整自己的情緒；不管是處於什麼樣的心境，都要強迫自己去努力面對困難。

絕大多數的失敗者之所以失敗，是因為他們任由內心深處的惰性滋長。他們不能獲得最後的成功是因為他們不肯從事辛苦的工作，不願付出辛勤的勞動，不願意做出必要的努力。他們所希望的只是一個安逸的生活，他們陶醉於現有的一切。身體上的懶惰懈怠、精神上的彷徨冷漠，對一切放任自流，總想逃避挑戰，過一勞永逸的生活 —— 這一切，使他們慢慢變得沒沒無聞、碌碌無為。

一個人在工作上、生活上的惰性，最初的症狀之一，就是他的理想與抱負在不知不覺中日漸褪色和萎縮。對於每一個渴望成功的人來說，養成時刻檢視自己抱負的習慣，並永遠保持高昂的鬥志是至關重要的。要知道，一切取決於我們的遠大志向，一個人如果胸無大志，遊戲人生，那是非常危險的。要命的是，一旦我們停止使用我們的肌肉和大腦的話，一些本來具備的優勢和能力也會在日積月累之後開始生疏，退化，最終離我們而去。如果我們不能不斷為自己的抱負加油，如果我們不透過反覆實踐來強化自己的能力，不澈底剷除隱藏在心底的惰性的話，那麼，成功就會變得離我們非常遙遠。

在我們周圍的人群中，由於沒有克服惰性，最後理想破滅，喪失鬥志的人多得數不勝數。儘管他們外表看來與常人無異，但實際上，曾經一度在他們心中燃燒的熱情之火已經熄滅，取而代之的是無邊無際的黑暗。

對於任何人來說，不管他現在的處境多麼惡劣，或者先天條件多麼糟糕，只要有耐力，只要他能夠保持高昂的鬥志，熱情之火不滅，那麼他就大有希望；但是，如果他任由惰性蔓延，變得頹廢消極，心如死灰，那麼，人生的鋒芒和銳氣也就喪失殆盡了。在我們的生活中，最大的挑戰就是如何克服心裡的惰性，保持高昂的鬥志，讓渴望成功的熾熱火焰永遠燃燒。

給自己一點心理補償

內心失衡的現象在現代競爭日益激烈的生活中時常發生。凡是遇到成績不如意、高考落榜、應徵落選、與家人爭吵、被人誤解譏諷等等情況時，各種消極情緒就會在內心累積，從而使內心失衡。消極情緒占據內心的一部分，而由於慣性的作用使這部分越來越沉重、越來越狹窄；而未被占據的那部分卻越來越空、越變越輕。因而內心明顯分裂成兩個部分，沉者壓抑，輕者浮躁，使人出現暴戾、輕率、偏頗和愚蠢等等難以自抑的行為。這雖然是心中積累的能量在自然宣洩，但是它的行為卻具有破壞性。

　　這時我們需要的是「心理補償」。縱觀古今中外的強者，其成功的祕訣就包括善於調節心理的失衡狀態，透過心理補償逐漸恢復平衡，直至增加建設性的心理能量。

　　有人打了一個頗為生動的比方：人就像一個天平，左邊是心理補償功能，右邊是消極情緒和心理壓力。你手上有多少砝碼能進行補償功能、從而達到心理平衡，你就能擁有多少時間和精力，信心百倍的從事那些有待你完成的任務，並有充分的樂趣去享受人生。

　　那麼，應該如何增加自己心理補償的砝碼呢？

　　首先，要有正確的自我評價。情緒是伴隨著人的自我評價與需求的滿足狀態而變化的。所以，人要學會隨時正確評價自己。有的青少年就是由於自我評價得不到肯定，某些需求得不到滿足，此時未能進行必要的反思，調整自我與客觀之間的距離，因而心境始終處於鬱悶或怨恨狀態，甚至悲觀厭世，最後走上絕路。由此可見，年輕人一定要學會正確檢視自己，對事情的期望值不能遠高於現實值。當某些期待沒有得到滿足時，要善於安慰和說服自己。不要為平淡而缺少活力的生活而感到遺憾。遺憾是生活中的「添加劑」，它為生活增添了發憤改變與追求的動力，使人不安於現狀，永遠有進步和發展的餘地。生活中處處有遺憾，然而處處又有希望，希望撫平遺憾，而遺憾又充實了希望。正如法國作家大仲馬（Alexandre Dumas）所說：「人生是一串由無數小煩惱組成的念珠，達觀的人是笑著數完這串念珠的。」沒有遺憾的生活才是人生最大的遺憾。

　　其次，要知道你遇上的煩惱是生活中難免的。心理補償建立在理性的基礎之上。人都有七情六欲，遇到令人不快的事自然不會麻木不仁。缺乏理性的人喜歡抱怨、發牢騷，到處辯解、訴苦，好像這樣就能擺脫痛苦，但其實往往是白費時間，現實還是現實。明智的人勇於承認現實，既不幻想挫折和苦惱會突然消失，也不追悔當初該如何如何，而是想著不順心的事別人也常遇到，並非老天跟你過不去。這樣你就會減少心理壓力，使自己盡快平靜下

來，客觀的對事情作出分析，總結經驗和教訓，積極尋求解決的辦法。

再來，在挫折面前要適當用一點「精神勝利法」，即所謂的「阿Q精神」，這有助於我們在逆境中進行心理補償。例如，實驗失敗了，要想到失敗乃是成功之母；若被人誤解或誹謗，不妨想想「在罵聲中成長」的道理。

最後，在做心理補償時也要注意，自我寬慰不等於放任自流和為錯誤辯解。一個真正的達觀者，往往是對自己的缺點和錯誤最無情的批判者，是勇於嚴格要求自己的進取者，是樂於向自我挑戰的人。

記住雨果（Victor Hugo）的話吧：「笑就是陽光，它能驅逐人們臉上的冬日。」

奇妙的替代律

你如果想整理出一塊空地，在把一株株尖刺叢生的荊棘拔除後，你不會讓那塊地空蕩蕩的，你會在原地種上一棵好看的松樹，用一物替代另一物。這就是「替代律」的真諦。

人生也是如此，我們可以用美事美物替代醜惡的東西，像是打掃出一間空房，為了不讓惡鬼占據，最好的辦法是讓好人住進去。替代律同樣可以用在我們的思考上：驅除骯髒的念頭，不僅僅是絕不去想它，而是必須讓新東西替代它，培養新興趣，新靈感；排除失望，僅僅接受失望是不夠的，失去了一個希望，應該用另一個希望來代替；想忘記自己的憂傷，最有效也是唯一的辦法，是用他人的憂傷來代替，分擔別人的痛苦時也就忘記了自己的痛苦。因此，當我們感到消沉時，最好的解決辦法是敞開自己，打破沉默，去做任何可以為我們帶來動力的事，在做其他事時使我們從受到的挫折中解脫出來。

一個叫蘇珊·麥洛伊（Susan McElory）的美國年輕人，在突然被告知得了癌症時，於康復機會渺茫的消沉之中，決定開始寫一本書來激勵自己與癌症對抗。身為一個動物愛好者，她選擇人與動物作為書的主題。她透過各種

方式搜集有關動物的故事，這些故事在編成書前，就先使她從中受到感動，受到激勵，成為她勇敢對抗癌症惡魔的最大力量。後來，她的《打開我心靈的天使》成功出版，成為《紐約時報》的暢銷書。而她自己在被診斷出癌症10年後，仍然身心健康，甚至比開始治療前更好。

當你因不愉快的事而心情不佳時，不妨試試運用替代律來轉移自己的情緒注意力。

積極參加社交活動，培養社交興趣

人是社會的一員，必須生活在社會群體之中，一個人要逐漸學會理解和關心別人，一旦主動關愛別人的能力提高了，就會感受到自己生活在充滿愛的世界裡。如果一個人有許多知心朋友，就能取得更多的社會支援；更重要的是可以充分感受到社會的安全感、信任感和激勵感，從而增加生活、學習、工作的信心和力量，盡量減少心中的緊張感和危機感。

一個離群索居、孤芳自賞、生活在社會群體之外的人，是不可能擁有心理健康的。現今家庭多為獨門獨戶，使得家庭與社會的交流減少，因此走出家庭，擴大社交圈更有實際意義。

多利用身邊的有利資源。工作中上司可以多找下屬徵求意見，同事之間也可互相討論集思廣益，最終提出一個有效可行的方案，執行時大家都有參與感。執行方案因為已納入所有工作者的智慧，每個人都會感受到自己存在的價值，減少不必要的失落感。

多找朋友傾訴，以疏洩鬱悶情緒

在我們的日常生活和工作中，難免會遇到令人不愉快和煩悶的事情，如果找個好友聽你訴說苦悶，那麼壓抑的心境就可能得以緩解或減輕，失衡的心理狀態亦可得以恢復，並且能得到來自朋友的情感支援和理解，獲得新的思考方向，增加戰勝困難的信心。也可以將不愉快的情緒向自然環境轉移，郊遊、爬山、游泳或在無人處高聲叫喊、痛罵等；也可積極參加各種活動，尤

其是可將自己的情感以藝術的形式表達出來，比如去聽聽歌，跳跳舞，在引吭高歌和輕快旋轉的舞步中忘卻一切煩惱。

重視家庭生活，營造一個溫馨和諧的家

家庭可以說是整個生活的基礎，溫暖和諧的家是家庭成員快樂的源泉、事業成功的保證。孩子在幸福和睦的家庭中成長，也有利於他們的人格發展。

如果夫妻不和、經常吵架，將會嚴重破壞家庭氣氛，影響夫妻的感情及其心理健康，而且也會使孩子幼小的心靈受到傷害。可以說，不和諧的家庭經常製造心靈的不安與汙染，對孩子的教育很不利。

理想的健康家庭模式，應該是所有成員都能輕鬆表達意見，相互討論和協商，共同處理問題，相互提供情感上的支援，團結一致應付困難。每個人都應注重於建立和維持一個和諧健全的家庭。社會可以說是個大家庭，一個人如果能在家庭中的人際關係適應得好，也就可以在社會中生存得好。

適度宣洩心中的煩惱

人生在世，難免會遇到煩惱、傷心、怨恨、憤怒的事情。如果遇到了這樣的事情的時候你應該怎麼辦呢？如果把不良情緒憋在心裡，進行情感壓抑和自我克制，往往會影響身心健康，早晚就會憋出病來。相反的，如果你採取另外一種態度，在不危害社會、不影響他人和家庭的情況下，適當把心中的怒氣宣洩一下，把「氣」放出來，就非常有利於自己的心態調整，有益於身心健康。

據相關資料介紹，這種辦法有利於情緒得到調整，還能夠有效降低人們的發病率，從而提高工作效率。這裡所謂的「出氣」，實際上就是一種宣洩。

有個漫畫的內容是：一位總經理模樣的人正在訓斥一名職員，職員無奈，便轉而訓斥他的下屬，下屬生了氣，回家後居然莫名其妙把氣發在妻子身

上，妻子氣極了，便把委屈一股腦發洩在兒子身上，打了兒子一個耳光，兒子惱怒之下，居然一腳踢向小狗，小狗疼得亂竄，發瘋似的衝出門亂咬，結果正好咬著從這裡路過的總經理。

需要我們注意的是，這裡的職員訓斥下屬，下屬訓斥妻子，妻子打兒子，兒子踢了小狗，便是本文所說的「宣洩」。

怒氣是千萬不能長期積壓的，從心理學角度來講，適度宣洩能夠減輕或消除心中、精神上的疲勞，把怒氣發洩出來比讓它積在心裡要好得多，這樣做能夠使你變得更加輕鬆愉快。但願你能夠掌握好宣洩的分寸，學會保持心理平衡的技巧。

適度的情緒發洩也就像夏天的暴風雨一樣，能夠淨化周圍的空氣，傾吐胸中的抑鬱和苦衷，能緩解緊張情緒。發洩的方法有很多，可以透過各種對話發表意見，也可以找知己談心、或找心理醫生諮詢，或透過寫文章、寫信來表達情感。如果都不能奏效，乾脆痛哭一場，哭是宣洩情緒的一種好方法。孩子遇到了傷心事，常常一哭了事。成年人，特別是男人，多以「男兒有淚不輕彈」自居，強忍悲痛而不流出眼淚。根據相關研究資料，這種悲而不哭的情緒與男性患上冠心病、胃潰瘍、癌症比女性高有一定的關係。因為悲傷與恐懼等消極情緒會使內啡肽和激素含量過高而危害健康，而眼淚能幫助排出一部分與健康有害的化學物質。

如何「宣洩」，可謂是一門學問。這裡介紹一些適度「宣洩」的方法，你不妨一試：

使「道具」發揮作用。這裡所說的「道具」，就是能夠被用來發洩心中怒氣之物。日本有一家大公司的總裁，很會讓職員盡情「發洩」，他訂做了一個與他身材一致的橡膠人體模型，讓對自己有意見的職員可以對這個形態逼真的模型盡情拳打腳踢，等「宣洩」夠了，職員也消了氣，恢復了心理平衡。我們也可以借鑑此種方法，然而要切記的是不可隨意而發，要掌握好時間、場合和對象，否則將成為不正當的方法。

　　因此，每個人最好多去認知、了解自己的情緒，從而尋找出一個適當的宣洩方式，關鍵在於找到好的管道。另外，體能鍛鍊可以增強人對外界的適應力與抵抗力，在運動的過程中，心理會逐步得到調節，不知不覺中也就慢慢就疏解了自己心中的不愉快。

　　人生在世難免會產生各種各樣不良的情緒，如果不採取適當的方法加以宣洩和調節的話，對身心都將會產生極大的負面影響。所以，當一個人遇到不愉快的事情或心中受到委屈的時候，不要壓在心裡，而要向知心朋友和親人說出來或大哭一場。這種發洩可以釋放積於內心中的鬱悶，對於人的身心發展是非常有利的。當然，發洩的時候一定要注意對象、地點、場合，發洩的方法一定要適當，避免傷害其他人。

　　除此之外，寫文章也是一種有效的宣洩方法。下面有這樣一個例子：

有一天，曾任美國戰爭部長的史坦頓（Edwin McMasters Stanton）來到林肯家裡，生氣的對他說，一位少將用侮辱的話指責他偏袒一些人。林肯建議史坦頓，寫一封內容尖刻的信回敬那傢伙。

「可以狠狠罵他一頓。」林肯說。史坦頓立刻寫了一封措辭強烈的信，然後拿給總統看。

「對了，對了，」林肯高聲叫好，「要的就是這個！好好訓他一頓，寫得真好，史坦頓。」但是當史坦頓把信折好裝進信封裡時，林肯卻叫住了他，問道：「你想幹什麼？」「寄出去呀。」這一問，史坦頓有些摸不著頭腦了。

「不要胡鬧，」林肯大聲說，「這封信不能寄，快把它扔到火爐裡去。凡是生氣時寫的信，我都是這麼處理的。這封信寫得好，寫的時候你已經解了心中的怒氣，現在應該感覺好多了吧，那麼就請你把它燒掉，再寫第二封信吧。」

宣洩貴在適度

過著平靜、舒適的生活是人們的願望，人人都希望生活中充滿歡笑。然而事實上，任何事物都不可能盡善盡美、皆如人願，失敗、挫折、衝突、不幸等，從不放過任何人，並對人們的精神狀態造成各種影響。如果你在日常生活中遇到令人煩惱、怨恨、悲傷或憤怒的事情，把苦悶強壓在心裡，不加以宣洩和釋放的話，就非常容易加重自身的心理負擔，破壞人體的正常循環與平衡，引起人體各種功能方面的障礙，從而導致各種疾病的發生，危害身心健康。

古人云：「忍泣者易衰，忍憂者易傷。」這是完全符合科學理論的說法。現代醫學、心理學研究證明，長期思想苦悶、情緒惡劣的人，由於免疫力、抵抗力降低，極為容易罹患消化性潰瘍、偏頭痛、高血壓和神經衰弱等身心性疾病，惡劣情緒還被稱為是癌症的「催化劑」。美國精神分析學家霍姆斯（Thomas Holmes）針對不良情緒對健康的損害作過專門研究，他用「點」為單位評估對健康的影響，結果表明：配偶死亡，造成的壓力最大，為 100 點；其次是離婚，為 73 點；家人死亡為 63 點；與別人產生衝突、爭吵引起的情緒不良為 23 點。如果同時遭遇到數種壓力，則心理上感受的總壓力就更大，為幾種壓力的總和。假如一年中遭受到 300 點以上的損害，人的健康將會受到各種嚴重的影響。如果能及時透過情緒充分表露出來，宣洩內心的不悅，就能排除體內毒素，從而減輕精神方面的嚴重壓力。

那麼，怎樣才能夠最有效的解除精神上的壓抑呢？其中的一個手段便是宣洩。其實在大多數情況下，不一定非得去「宣洩」中心治療，也不一定非求助於心理醫生不可，我們都可以透過自我宣洩來達到緩解壓力、平衡心理狀態的目的。即在不危害社會與他人，不影響家庭人員的情況下，發洩一下自己的情緒。

換句話說，發洩要適當且適時，而不是大動肝火，與人爭吵，甚至爭鬥等。否則的話，不僅會使自己陷入一種更為懊惱的境地，而且還會因為自身神經系統的過度興奮、內分泌系統的急劇變化等生理反應而損害心靈、身體。當找不到發洩「對象」時，不妨採用自然發洩法，心理醫學研究還表明，哭泣是一種宣洩方式，透過哭泣，可以排除心中的苦悶，將煩惱與淚水一起排出體外。在美國舊金山、亞特蘭大等城市就設有一些「宣洩」治療中心，專門為受到各種壓抑，需要得到宣洩的人提供服務。患者在這裡治療後，大多能消除怨氣，達到心理平衡，因而「宣洩」治療中心門庭若市，求治者絡繹不絕。

如果在沒有人的地方痛快哭一場，到知心朋友面前傾訴衷腸，或到空曠野地引吭高歌；透過情緒轉移的方式，或埋頭工作，或欣賞音樂、戲曲；還可以採用「自我解嘲」的方式等等，只要沒有妨礙到他人，又有助於擺脫不良情緒的困擾，都可以稱作是一種十分聰明的舉動。也可以撥一通心理諮詢電話，既可毫無顧忌傾訴你內心的苦衷，同時還可以得到諮商師的真誠安慰與有效的指導，從而避免負性情緒積少成多，危害自己的身心健康。

總而言之，人們因日常生活中的各種因素而造成的心理壓力是在所難避免的，但人們可採取適當的調節方法及時發洩，不讓不愉快的情緒積累，以保持身心健康。

的確，人生總不太可能永遠是鳥語花香。在瑣碎的生活中，人們的確可能遇到委屈、苦惱與鬱悶的事，每當此時，當事人也的確需要「釋放一下」其怒氣。因此，「宣洩」並不奇怪，乃是宣洩者企圖取得心理平衡的一種客觀需求。

用另一種話說，既然心中的怒火是火山，也應該讓它噴發出來，需要做的就是為它選一種最佳的噴發方式。

究竟選擇何種宣洩方式，常常因人而異。

比如，理智者會藉其冷靜的性格從容調整自己的心態，魯莽者會因其衝

動而「莫名其妙」誤傷他人。正如上文提到的漫畫。而愚蠢者則會「莫名其妙」走向極端，甚至採用最不可取的自殘形式，這就是一句老話說的：生氣時踢石頭，疼的是腳趾頭。

如果不信，請再細品本文開頭的故事，「妻子」何辜？「兒子」何辜？「小狗」何辜？他們平白無故挨罵挨打挨踢，不就是因為宣洩者的方式不對嗎？

由此可以看出，莫名其妙亂發洩，往往會令他人感到不近情理，對於這樣的發洩，也只能被視為一種糊塗，一種可憐巴巴的「孩子氣」。

不是嗎？既然把汙水潑在別人身心意味著傷害無辜，既然自殘式的「踢石頭」只會白白傷害自己，那麼，當我們有苦惱、有煩悶需要宣洩時，就理應「選擇」一種更理智而有道德感的方式。

讓清涼的風把苦惱趕跑，讓奔騰的河水把苦悶沖走，讓優美的琴聲為你帶來詩意，讓書中的樂趣送你安寧，遇事做到適當而又理性的宣洩、難道不也是一種人生的境界與智慧嗎？

揚起希望之帆

有一位詩人說過：「人可以沒有草原，但不能沒有駿馬；可以沒有駿馬，但不能沒有希望！」人雖然不一定能讓自己過得幸福，但一定要讓自己心懷希望：有想寫的衝動時，投一篇文章給報社、雜誌社；有想唱的欲望時，到卡拉 OK 為自己開個演唱會；在有了想畫一幅畫的熱情的時候，就為自己畫一幅畫……。

如果能夠自己為自己製造希望，那麼你自然就會發現生活原本就是非常美麗的！朋友們，如果你身陷困境，別灰心，給自己希望，也就等於給了自己另一個成功的機會。

在鬧市的街口，有一位白髮蒼蒼的老太太，佝僂著腰，挑著兩個破爛的籮筐。有一個四五歲的小男孩跟著她，看見一張廢紙就從地上撿起來，放進老太太背的籮筐裡，孩子的臉上有一絲笑容，在寒冷的二月裡彷彿是一道金

黃色的陽光。老太太也會心一笑，儘管笑裡隱藏著一絲哀傷。孩子的笑，也許在他看來僅是因為一點收穫，能夠使奶奶的籮筐裝得更滿一點，這是貢獻。而老太太也許是被世間的滄桑磨蝕了她的渴望，也許是為自己、但更多的是為小男孩的未來擔憂，她的笑容不夠燦爛，她生活的信心來得有些艱難，然而她還是痛著臉微微一樂，對小男孩表現一點點鼓勵，為他的懂事和對於生活的希望給予高度的獎賞。

生命的清冷與悲涼在白髮的老人與無邪幼童當中，生命的青春在那衰老的腳步與天真的笑容中，可能所有的這一切都還會有一點希望。

生命本身都是非常脆弱的，人只能堅強活著，並充滿希望。你沒有像小男孩那樣，遊蕩在淒涼的街頭，你更不會像老太太那樣，年歲已老，因為你還年輕。你既然年輕，那麼就應該有希望，你年輕就應該有信仰，你年輕就沒有理由去悲傷。

人生之路是曲折而又漫長的。有太多太多的煩惱與憂傷，你可能曾經埋頭苦幹過，挑燈夜讀過；你可能踏踏實實，認認真真工作過；你可能……。但你沒有得到你應該擁有的那一份回報，你換來的可能是一絲悲痛與絕望。也許你揚帆遠航於人生的海洋上，遇到了一場暴風雨，你的小船漂浮不定；你不要放棄希望，因為風雨之後，眼前會是鷗翔魚游的天水一色。也許你邁步在人生的道路上挺進，陷入了一片荊棘地，你的天空頓時布滿陰霾。請你不要放棄希望，因為走出荊棘之後，前面就是鋪滿鮮花的康莊大道。也許你艱辛的攀登在人生的山峰上，忽然一切天昏地暗，你的眼前迷茫一片。請你不要放棄生命當中的任何一絲希望，因為登上山峰後，在你的腳底下將是積翠如雲的空濛山色。

揚起你的希望之帆，做一個不屈的水手、堅強的水手，你身上的所有傷疤都將成為你的勳章與榮耀。

在失望中尋找希望

人生之路是由失望與希望所串聯起來的一條七彩項鍊，由此生命才變得多彩多姿。在生活中，人難免會因為陷入困境而感到失望。在失望時萌生希望，就能驅散心中的陰霾，讓人從陰影中走出來，因而步入一個嶄新的天地，擁抱湛藍的天空。失望會讓人感到無比抑鬱、痛苦、備受折磨，而希望卻讓人振奮、欣喜、躍躍欲試。

失望的人們會因為有希望的存在而不再絕望，而希望之後的失望也會讓人萌生新的希望，失望與希望是形影相隨的一對雙胞胎。愚昧的人站在高山下只會感傷和嘆息，而明智的人則會從山下努力向山頂攀登，從而看到另一片新天地。

很多時候，人通常不是敗給失望，而是敗在不會從失望中尋找希望。有很多時候，我們只是一味要求別人應該對自己做什麼，而不懂得反從自己身上尋找。而實際上，人生的道路本身就是由希望和失望堆砌而成，希望連著失望，而失望也緊挨著希望。

有的人說，人生就像一盤棋，而輸贏的關鍵也就只差那麼幾步。正所謂「一著不慎，全盤皆輸」，而決定我們人生輸贏的關鍵一點就是希望或失望。

希望的本質就是一種金屬，它之所以如此的寶貴，那是因為它必須在失望當中經過千錘百鍊才能夠被提煉出來。因此失望並不可怕，可怕的是不會在失望中提煉希望。

每天給自己一個希望

我們不能控制機遇，然而卻能夠掌握自己；我們無法預知未來會如何，但是卻能夠掌握住現在；我們不知道自己的生命到底會有多長，但我們卻可以安排面前的生活；我們左右不了變化無常的天氣，卻可以調整自己的心情。只要我們活著，那麼就一定會有希望，只要每天給自己一個希望，那麼我們的人生就一定不會失色。

　　每天給自己一個希望，其實就是給自己一個目標，給自己一點信心。每天給自己一個希望，我們就將會活得生機勃勃，激昂澎湃，哪裡還會有時間去嘆息、去悲哀，將生命浪費在一些無聊的小事上。人的生命是十分有限的，然而對於希望是無限的，只要我們沒有忘記每天給自己一個小小的希望，我們就一定能夠擁有一個豐富而多彩的人生。

　　只要心裡面有希望，那麼就總會有勇氣活下去，生活與希望總是同時存在的，唯有對生活充滿希望，我們才會擁有一個多彩多姿的人生。我們都是一個和自己賽跑的人，我們都想爭取某種成功；途中的幾次跌倒、幾次失敗算得了什麼，我們不能因此而認為自己永遠是卑微的，只要對生活充滿希望，嘗試著去打拚一回，終究有一天，你就會奇蹟般發現：其實我與別人是一樣高的啊！

　　人生的道路上有鮮花也有荊棘，有成功自然也有失敗，希望與失望相伴而行，不要以為「希望越大，失望就越大」，一個人只要時時刻刻想著希望，總比沒有希望好，在這個充滿競爭的社會裡，我們要學會不斷給自己希望，不斷給自己鼓勵，不斷充實自己，堅持不懈努力走下去，永遠使自己充滿成功的希望。

　　人生之中的每一個年輪都交織著悲愁與喜悅、失敗與成功，只有對生活充滿著無比希望永不妥協的人，才有可能得到生活的青睞。

　　面對平淡的生活，面對每一個平凡而細微的日子，不要失去了對青春的憧憬和夢想，不要迷失在塵世的光影之中。努力給自己一個寄託精神的希望，為自己點一盞希望之燈！

　　如今的生活變得愈來愈緊張了，社會中的每一次變革都牽動著人們的腳步，與此同時也繃緊了人們的神經。人們疲憊的精神一時還難以適應這種快節奏的變化。許多人在生活中失去了鬥志和向上的精神，為生活所累，為自己所累，變得平庸消沉、人云亦云，還年輕就學會了以最無聊的麻木來保護自己。他們埋怨社會的不公平，痛恨人情世故的冷淡，感嘆許多應該去珍惜

的東西都在悄然之間慢慢消逝而去，然而我們卻在一步步改變著自己。他們失去了真正的自我，每日變得更加消沉的同時，也越發脆弱，卻還在固執的罵這個世界，罵這個社會，罵一切使我們心煩的人和事。直到有一天驀然回首，才會驚奇頓悟：我們每天所感嘆的，實質上就是自己正在失去的，也是自己最應該去珍惜的一些東西。

人生的很多時刻都需要我們默默去接受忍耐，在生命處於低谷的時候，我們更不能放棄心中的信念和信心。生命中有許多重要的環節一旦掌握不住，就會造成惡性循環，一旦放縱，就會走向澈底的消沉。面對每一天、每一個平凡的現在，有人默默耕耘，幾十年如一日，有人長吁短嘆、寂寞空虛、度日如年。其實這便是生活，這便是人生，不同的生活，自然就會有不同的人生。

困境是值得感謝的

一個人如果從小就生在一個「溫室」的環境中，不承受風雨的磨練，很難成為一個有作為的人才。一個青年如果在開始工作以後事事都很順利，從來沒有遇到什麼大的困難，他的成長就會較慢，一遇到風浪襲擊就會不知所措，以致遭到失敗。

所以說，在工作和生活中，一切順遂如意，一點風雨也沒有的，不一定是好事。這可能預示著他的進步和發展已處於停頓不前的境地。

在現實生活中有很多這樣的人，在舒舒服服平淡無奇的生活中消磨著時光，而最終一事無成，耗盡終生。相反，那些有作為、進步很快的人，都是些不甘寂寞、勇於在風雨中鍛鍊的人。他們投身於困難重重、甚至吃不飽穿不暖的處境，在與風雨搏鬥中得到成長。所以有人說「困難是最佳的教科書與老師」。

「好事多磨」，「不受磨難不成佛」，這最通俗的俗諺，說透了深刻的道理，參透了人生成功的真諦。凡是偉大的事業都是在艱鉅的磨難中完成的。

一個人生活太優渥，道路太順暢，未經磨難，未經人生路上的摸爬滾打，一旦遭遇到坎坷和挫折，往往會一籌莫展，駐足不前，甚至長期沉淪於苦悶之中。

有一個人，原本在一個很賺錢的公司任職，但有一天，市場經濟的大浪將他所在的公司這艘大船撞翻，他自己也被拋到岸上「晒」了起來。他父親的一位朋友卻恭喜他說：「你遇到了挫折，這真是有幸，因為你還年輕。」一位大學畢業生，因沒找到工作而自殺，而準備錄用他的公司得知則慶幸：「幸好我們沒有錄用他，因為他禁不起打擊。」

恰如溫室裡的花朵一般，人未曾經過風雨、見過世面，未曾形成獨立自主的能力，也不會有任何承受折磨的心理準備和經驗積累。而一個歷盡滄桑、飽經風霜的人則不同，他是在磨難和挫折裡長大和成熟的，他已經具備了應付挫折的心理承受能力和駕馭生活的能力，面對人生事業中的大小磨難，他無所畏懼，勇往直前，能憑著堅強不屈的意志，戰勝挫折，取得事業的成功和人生的幸福。

《菜根譚》中說：「橫逆困窮，是鍛鍊豪傑的一副爐錘，能受其鍛鍊者則身心交益；不受其鍛鍊者則身心交損。」這說明了，人們駕馭生活的技巧和主宰生活的能力，是從現實生活中磨礪出來的。

和世間任何事件一樣，困境也具有兩重性。一方面它是障礙，要排除它必須花費更多的精力和時間；另一方面它又是一種肥料，在解決它的過程中能夠使人更加鍛鍊提升。古人對此早就有所認知，所以有「生於憂患，死於安樂」的說法。

《人人都能成功》的作者拿破崙‧希爾（Napoleon Hill）很喜歡說一個關於他祖父的故事。他的祖父過去是北卡羅萊納州的馬車製造師傅。這位老人在清理耕種的土地時，總會在田地的中央留下幾株橡樹，他們不像森林中其他的樹一樣有良好的庇蔭及養分，而他的祖父就用這些樹製造馬車的車輪。正因為這些田野中的橡樹要在強風烈日下百般掙扎，才能對抗大自然狂風暴

雨的考驗，成長茁壯，所以它們才足以承受最沉重的負荷。

　　困境同樣可以強化人們的意志。大多數的人希望一生平坦順利，然而，未經困境考驗，往往會庸庸碌碌過一生。

────── 第一章　假如生活欺騙了你

第二章　容易步入困境的十種人

一棟骯髒的房子，總是容易招來更多蚊蟲。人生的困境，十有八九是因為自身的缺陷而造成的。

一個懶惰成性的人，陷入財務拮据與事業低迷的困境一點也不奇怪，不陷入才讓人覺得奇怪；一個睚眥必報的人，陷入仇敵林立、神憎鬼厭的困境一點也不讓人感到意外，不陷入反倒讓人感到意外；一個沒有目標的人，他除了原地打轉，又還能做什麼呢？……

人生幾十年，想要一帆風順是一種不可得的奢望。總是會有一些來自外界的、無法規避的困境強加在我們身上。正因為如此，我們更有必要完善自身，盡量讓因為自身缺陷而引來的困境少一點、再少一點。否則，我們一生都只能在困境中消耗精力。

沒有目標的人

一個沒有目標的人，就像漂浮在海上的一艘無舵之船，隨波逐流，船不是觸礁，就是擱淺，或者被捲入漩渦原地打轉。渾渾噩噩生活，是許多人陷入人生困境的原因之一 —— 因為，假如你不知道你的方向，那麼哪一種風對於你來說都可以是逆風。

在我們的生活中，路標處處可見。每一個路口，每一個街道拐角，路標都在提醒著我們，我們到達了哪裡，離我們的家、公司、學校還有多遠。但我們的生活中卻沒有目標。就像小時候我們玩積木，我們任意去堆砌，最後什麼也搭不好；但是如果先計劃要蓋什麼，我們就可以很快蓋成它。

沒有目標，不可能使生活發生任何實質性的改變，也不可能採取任何步驟。如果一個人沒有目標，就只能在人生的旅途上徘徊，永遠到達不了目的地。

正如空氣對於生命一樣，目標對於成功也是絕對必要的。如果沒有空氣，就沒有人能夠生存；如果沒有目標，也沒有任何人能夠成功。

大多數人都幻想自己的生命是能夠永恆不朽的。他們浪費金錢、時間及心力，從事所謂的「消除緊張情緒」的活動，而不去從事「實現目標」的活動。大多數人每天辛勤工作，一旦賺到了錢，又在週末把它們全部花掉。

維克多·弗蘭克 (Viktor Emil Frankl) 用事實最貼切的說明了「人不能沒有目標的活著」的道理。

第二次世界大戰期間，在越南行醫的精神醫學家弗蘭克不幸被俘，後來被關進了納粹集中營。三年中，他所經歷的、極其可怕的集中營生活，使他領悟了一個道理──人是為尋求意義而活著。他與他的夥伴們被剝奪了一切──家庭、職業、財產、衣服、健康甚至人格。他不斷觀察著喪失了一切的人們，同時思索著「人活著的目的」這個老生常談的、最透澈的意義。他曾幾次險遭毒氣和其他方式殘殺，然而他仍然不懈客觀的觀察、研究著集中營的守衛與囚犯雙方的行為。

可以說，弗蘭克極其真實、有力、生動的論據和論點，對於世界上所有研究人的行為的權威學者來說，都是極有價值的。他的理論是在長期的客觀觀察中產生的，他觀察的對象是那些每時每刻都可能面臨死亡、即所謂失去生活的人們。在親身經歷的集中營生活中，他還發現了佛洛伊德的錯誤，並且反駁了他。

佛洛伊德說：「人只有在健康的時候，態度和行為才千差萬別。而當人們爭奪食物的時候，他們就露出了動物的本能，所以行為變得幾乎無以區別。」而弗蘭克卻說：「在集中營中，我所見到的人，卻完全與之相反。雖然所有的囚犯都被丟進完全相同的環境中，有的人消沉頹廢下去，有的人卻如同聖人一般越站越高。」他還從實際狀況中領悟到，「當一個人確信自己存在的價值時，什麼樣的飢餓和拷打都能忍受。」而那些沒有目的活著的人，都早早就毫無抵抗的死掉了。

在那充滿死亡氣息的集中營裡，弗蘭克的一位好友曾對他說：「我對人生沒有什麼期待了。」弗蘭克否定了這位朋友的悲觀人生態度，他鼓勵說：「不是你向人生期待什麼，是生命期待著你！什麼是生命？它對每個人來說，是一種追求，是對自己生命的貢獻。當然，怎樣做才能有貢獻？自己的追求是什麼？每個人都不一樣。而怎麼回答這些問題，是我們每個人自己的事情。」

有生命的地方就有希望。

有希望的地方就有夢想。

「有了清楚的夢想，加上反覆擴充、描繪它，夢想就能變成目標。」目標一旦經過細緻認真的研究，對成功者來說，就可視為行動的計畫。成功者認為，當目標完全融於自己的人生中時，目標的達成就只剩下時間問題了。

如何制定目標

平平安安過日子是大部分人生活的目標。對此，只需付出每天過日子的必要精力就足矣。這種沒目標的生活，不過是看看電視打發光陰，每晚在虛幻的悲喜劇、推理偵探故事、離奇怪誕影片等電視世界中遊逛。夜幕一降，他們就習慣坐到電視機前，無動於衷望著一個個畫面。殊不知電視明星們正是瞄準這些人，實現自己的人生目標。

你有目標嗎？如果沒有，請靜下心來，根據自己的興趣、專長以及客觀情勢，為自己量身訂做一個吧。在設定目標時，你需要注意以下幾點事項。

首先，奮鬥目標有高有低，專業面有寬有窄。在目標選擇上是寬一點好，還是窄一點好呢？一般來說，專業面越窄，所需的力氣就相對較小。也就是說，用相同的力量對不同的施力對象，專業面向越窄的，作用力越大，成功的機率就越高。所以，職業生涯目標的專業面向不要過寬，最好選一個窄一點的方向，把全身心的力量投入進去，比較容易取得成功。

如果專業面向需要放寬，起碼在開始的時候，要把專業面向或主攻點定得窄一些。等突破了一點，取得了經驗，積累了知識，再擴大專業面向，這樣容易成功。

其次，長短配合要恰當。生涯目標是長期的好呢，還是短期的好？簡單的說，應該是長短結合。長期目標為人生指明了方向，可鼓舞鬥志，防止目光短淺的行為。短期目標是實現長期目標的保證，沒有短期目標，也就不會有長期目標。特別是在職涯發展過程中，透過短期目標的達成，能體會達

到目標的成就感和樂趣，鼓舞自己為了取得更大的成就，而向更高的目標前進。

再者，同一時期目標不宜多。就事業目標而論，同一時期目標應集中為一個。目標是追求的對象，你見過同時追逐五隻兔子的獵人嗎？別說五隻，就是兩隻也追不來，因為那幾乎是不可能的事。有的人才高氣盛，自認為高人一等，同時設下幾個目標。我要奉勸你，那樣的話，可能一隻兔子也打不著，一個目標也實現不了。人生目標的追求，也好比人坐椅子一樣，一個人同時想坐幾個椅子，一會兒坐坐這個，一會兒坐坐那個，換來換去，一不小心，就會從椅子中間掉下去，結果哪個椅子也沒坐穩，也就是說一個目標也沒實現。由此可見，要實現人生目標，成就一番事業，須把目標集中在一個焦點上。

這不是指你不能設立多個目標，而是你應該把它們分開設置。具體而言，就是一個時期一個目標，拉開時間距離，實現一個目標後，再實現另一個目標。

第四，目標要明確具體。目標就像射擊的靶子一樣，清清楚楚的擺在那裡。做什麼，做到什麼程度，要有明確具體的要求。比如，從事某一專門工作，要學習哪些知識、達到什麼程度，都要明確、具體確定下來。

如果目標含糊不清，就起不了目標的作用。如果有人下定決心闖一番事業，具體要做什麼，卻不知道，這就等於沒有目標。自以為有目標，而沒有明確的目標，不僅起不到目標的作用，還可能造成假象。投入了時間、精力和資金，卻起不了實現目標的作用，10 年過去了，還是一事無成。

第五，生涯目標要留有餘地。要留有餘地，就是要留有餘裕的時間，即便發生某些意外，也有時間和精力靈活處理。實現目標的時間安排要從實際情形出發，不慌不忙，不急不躁。在工作的安排上不要刻板，要靈活機動；在要求不變的前提下，完成時間和做法可以調整變動。

死要面子的人

「面子」是豐富的中文詞彙中一個古老的概念，熟悉得讓人熟視無睹。

面子人人都要，因為面子包含一個人的自尊。但過於愛面子的人，常常會落入「死要面子活受罪」的尷尬局面。死要面子其實是人的虛榮心在作怪。有些人即使債臺高築，也要揮金如土，與他人比吃、比穿、比用、比轎車、比住房、比待遇、比職階……在辦紅白喜事時，講排場、擺闊氣；在住房裝修中，比豪華氣派；在生活消費中，大手大腳，寅吃卯糧，借貸消費，其目的都是希望他人將目光聚集在自己身上。「愛面子」、「講臉面」的確是支配許多人行為的一個基本出發點。

死要面子會使人變得怪癖而孤獨。例如有一位在某研究所工作的研究人員，技術與學識上也許並不差，但由於虛榮心、自尊心過強，所以，儘管年逾不惑，卻仍然和同志們難以和睦相處。原因是他不管在學術問題的討論上，還是在工作方案的安排上，甚至就連日常瑣事的看法和處理上，只要別人意見與自己不合，他就覺得面子上過不去，一點也不能容忍，脾氣立刻發作，非要別人按自己的想法去做不可；否則，就會僵持不下，甚至惡語相交。因為他覺得自己永遠高人一等，意見必然正確無誤，別人只有跟著走的份；否則就是以邪壓正，同時，也是不給自己面子。正因為他的這種毛病，所以凡與他相處稍久的人，無不敬而遠之，避之如同瘟疫。

一個人不可能不要面子，但又不能夠死要面子。死要面子的人，往往會真正丟了面子。關鍵的問題是要搞清楚怎樣做才算不丟面子。什麼面子可以丟，什麼樣的面子應該要？

一句話，出於虛榮的面子應該丟，有關人格的面子需要保，不保何以處世？而保的辦法就是實事求是。事實俱在，曲直分明，面子不保亦在；嘩眾取寵，裝腔作勢，面子雖保亦失。其實，「面子」是人心中的沉重包袱，看似薄薄的情面，實質上則有令人難堪的苦衷。

收起你的虛榮心

在莫泊桑（Guy de Maupassant）的短篇名作《項鍊》中，一個叫瑪蒂達的美貌少婦，因為虛榮心的驅使而向一位貴婦人借了條鑽石項鍊，以便使自己在一場晚會中有面子。不幸的是，瑪蒂達在晚會後將項鍊弄丟了。為了償還貴婦人的鑽石項鍊，瑪蒂達花了整整十年的時間拚命工作、省吃儉用，才湊足買項鍊的錢。小說的結局無疑是一個黑色幽默：那個貴婦告訴瑪蒂達，她借出的項鍊是一條廉價的假項鍊！

一夜風光，十年苦旅。瑪蒂達為她的虛榮付出了沉重的代價。

由於虛榮而發生的慘劇，那是最不幸、最惡劣的事。人們因虛榮而送掉性命的慘例簡直是數不勝數，而虛榮的人能夠永遠維持他的虛榮的例子，卻是屈指可數。凡是虛榮的人，總有一天會和他的鄰人、同事、伴侶、兒女，甚至不知虛榮為何物的自然界發生衝突，最後一敗塗地。虛榮雖然可以自欺欺人，但它必然欺騙不了自然，虛榮是對自然的一種侮辱，但自然是不容任何侮辱的。

人類的虛榮之心已經根深蒂固，並且發展得十分普遍，難以剷除。自古以來，有許多哲學家、宗教家對此提出警告，還加以道德的勸說，然而卻都無用，它不但不曾因此減其威力，而且日新月異，越來越猖獗了。要從根本剷除這人類罪惡的根源，有什麼澈底的方法呢？或者，是否可以把它用到好的方面上呢？至少，它悲慘的結果是否可以設法避免呢？這些問題，現代心理學家的回答是：「可以的！」

解決人類虛榮問題的根本，不在於如何解決它的存在，而是在於如何改善它，誘導它走向有用的方向。過去的說教者不明白這一層道理，所以總是失敗。因為消除虛榮，也許就等於傷害全體的人類呢！人類即使被破壞到只剩最後一個人，他或許也會因為他的獨存而虛榮呀！總而言之，虛榮只要能對人類社會有利，它就非但無害，反而更有益了。誰會否認愛迪生、愛因斯坦等偉大的人物是虛榮的呢，然而他們永遠是世界上最光榮的人。

人如果不能從正道上得到快樂，那麼就會到邪道上去尋求虛榮的快樂。

貪欲熾盛的人

一個財主不慎掉進水裡，在水中一邊掙扎一邊喊救命。然而岸上並沒有人。上帝見了，對財主說：「你若解下腰上包袱裡的黃金，不就可以游上岸嗎？」財主聽了，生怕水流將他的包袱沖走，反而用雙手將包袱抓得更緊——就這樣，他沉入了水底，再也沒有機會浮到水面上來了。

貪婪是災禍的根源。對於貪婪的人，上帝也救不了他。為人處世若好占便宜，必將受到唾棄；經營事業若好高騖遠、過於貪婪，則事業難以長久。

不論在什麼社會、什麼國家，貪婪者、自私者都是卑鄙的、遭人唾棄的，都會受到社會的譴責，遭到大眾的鄙視。試想，一個人得不到周圍的人的幫助、甚至經常受到周圍的人的排擠與打擊，他的人生之路怎麼可能會一路順暢呢？

人的貪婪與否，欲望的多少直接關係到為人和事業的成敗。「人只一念貪私，便銷剛為柔，塞智為昏，變恩為慘，染潔為汙，壞了一生人品。故古人以不貪為寶，所以度越一世。」這就是說，一個人只要心中出現一點貪婪和私心雜念，他本來的剛直性格就會變得懦弱，聰明就會變得昏庸，慈悲就會變得殘酷。

周宣帝的皇后是楊堅的女兒，宣帝便拜楊堅為上柱國、大司馬等重要官職，地位顯赫。宇文氏家族的成員對楊堅的戒心很重，謀害楊堅的陰謀一個個接踵而來。後來，宣帝本人聽到傳言後對楊堅也產生了疑忌之心，他想找個藉口把楊堅幹掉。

宣帝有四個美姬，她們為了爭寵，互相辱罵，經常鬧得不可開交。一天，宣帝說：「你們再鬧，我就把你們全殺掉。」於是宣帝想出一計，他命令四個寵姬打扮得分外妖豔嫵媚，站在他的兩側，又派人去召來楊堅。宣帝對

左右武士說：「如果楊堅進來神色有什麼變化，你們就立即把他殺掉。」不料楊堅上殿，臉上始終一股正氣，目不斜視。宣帝只好要他退下。

後來宣帝因荒淫過度而死，他 9 歲的兒子宇文衍即位，楊堅入朝主政。宣帝的弟弟漢王宇文贊早就想當皇帝，上朝聽政時常與楊堅同帳而坐。楊堅對此非常惱火。楊堅知道宇文贊是個酒色之徒，就選了幾個漂亮的姑娘送宇文贊，宇文贊滿心歡喜接受了，他的權力欲望從此減退了，於是搬回王府，天天與美女銷魂，不問政事，楊堅遂於西元 581 年 7 月 14 日稱帝，建立了隋朝。

宇文贊由於一念貪欲，良知自然就泯滅，即使有一點剛毅之氣，也立刻化為烏有，只能任行賄者擺布，落得個可憐的下場。

《菜根譚》言：「富貴是無情之物，看得他重，他害你越大；貧賤是耐久之交，處得他好，他益你深。故貪商於而戀金谷者，竟披一時之顯戮；樂簞瓢而甘敝縕者，終享千載之令名。」這段話的意思很明顯，不節制貪欲，過於貪心，必然為貪欲所害。

明末清初有一本書叫《解人頤》，其中有一首詩把貪婪者的心態刻畫得入木三分：「終日奔波只為飢，才方一飽便思衣；衣食兩般皆俱足，又想嬌容美貌妻；娶得美妻生下子，恨無田地少根基；買到田園多廣闊，出入無船少馬騎；槽頭結了騾和馬，嘆無官職被人欺；縣丞主簿還嫌小，又要朝中掛紫衣；做了皇帝求仙術，更想升天把鶴騎；若要世人心裡足，除非南柯一夢兮。」當然，這是誇張的寫法，卻生動反映了一些人的貪婪心態。

貪欲過盛之人，沒人願意與之共事，因而永遠難成大器。世間小人，個個蠅營狗苟，皆是被貪欲所惑而已。

有欲望並不是一件壞事

每一個正常人都有欲望。就算是一心向佛的人，也有「了生死，出輪迴」或「度眾生」的欲望。甚至於一個一心求死的落魄者，心裡也是有著強烈欲望

的,而且正是因為這個過於強烈的欲望無法滿足才去求死 —— 如果大家不太明白這句話的意思,不妨打個比方來說明:一個一心想贏六合彩的賭徒下了重注卻沒有中,千金散盡去求死,只要有人用可信的證據告訴他,他下的注其實中了,只是他聽錯了號碼,保證那位賭徒立刻眉開眼笑不再求死。或者一個因失戀而求死的人站在懸崖邊,他的愛人只要告訴他,其實自己還是深愛著他,他保證不會跳下去。

所以說,有欲望是人之常情。並且有欲望本身不是一件壞事,欲望是刀,看你怎麼用而已。過分澹泊名利、克制欲望並不值得提倡。《菜根譚》中有云:「澹泊是高風,太枯則無以濟人利物。」大意是說,把功名利祿都看得淡本是一種高尚的情操,但是過分清心寡欲而冷漠,對社會大眾也就不會有什麼貢獻了。可以這樣說,人類正是因為有了欲望,才能直立行走,才從昔日的狩獵、農耕發展到今日科技的發展進步。

欲望是行動的燃料,加太少行動力不足,加太多會造成失速等嚴重後果。那麼,究竟要加多少才好呢?

要回答這個問題,我們不妨先回答一個問題:如果你的眼前有一盤你最喜歡吃的烤鴨,而且是免費無限量供應,你會選擇吃幾分飽?

最佳的選擇是八分飽。十分、十二分太飽,一分、二分太少,八分正好。我們反對貪婪,但不否定欲望。貪婪是一個魔鬼,但欲望不是,欲望是一種天使與魔鬼的混合物。你和欲望保持恰當的距離,欲望是一個美麗的天使;而如果你不顧一切撲向欲望,欲望就會變成一個惡魔。有克制的欲望是進取,無克制的欲望是貪婪。當我們在克制自己的貪婪之心時,不要忘了啟動自己的進取之心,以便讓自己生活得更好,讓這個世界更加美麗富足。

懶惰成性的人

山上的野豬家族日益壯大,為了生存,野豬們只得時常下山覓食。牠們弄壞了很多作物,令村民們非常惱火。

一天，一位老人趕著一匹拖著兩輪車的毛驢，走進野豬經常出沒的村莊，車上裝滿了木材和穀物。老人告訴村民說他要幫助他們捉野豬。村民們都嘲笑他，因為沒有人相信老人能做到。但是，兩個月以後，老人從山上回到村莊，告訴村民，野豬已經被他關在山頂的圍欄裡。

他向村民解釋他是怎樣捕捉牠們的，他說：「我做的第一件事，就是去找野豬經常出來吃東西的地方。然後我就在空地中間放少許食物作為捕捉的誘餌。那些野豬起初嚇了一跳，最後，還是好奇的跑過來，由老野豬帶頭開始在周圍聞味道。老野豬嘗了一口，其他野豬也跟著吃，這時我就知道我能捕到牠們了。第二天我又多加一些食物，並在幾尺遠的地方立起一塊木板，那塊木板像幽靈一樣，暫時嚇退了牠們，但是白吃的午餐很有吸引力，所以不久之後，牠們又回來吃了。當時野豬並不知道，牠們即將是我的了。此後我要做的只是每天多樹立幾塊木板在食物周圍，直到我的圍欄完成為止。每次我加一些木板，牠們就會遠離一陣子，但最後都會再來『白吃午餐』。圍欄做好了，唯一進出口的門也準備好了，而不勞而獲的習慣使野豬毫無顧忌走進圍欄。這時我要做的只是拉動連接在門上的繩子，就出其不意把牠們捉住了。」

這個故事的寓意很簡單：一隻動物要依靠人類的食物供給時，牠就會遇到麻煩。人也一樣，如果你想使一個人殘廢，成為一個十足的失敗者，只要在足夠長的時間裡給他「免費的午餐」，讓他養成不勞而獲的懶惰習慣就行了。

還有一則笑話，反映了懶惰者的不光彩結局。

古時有個懶妻子，洗衣燒飯一點都不會，整天過著飯來張口，茶來伸手的生活。一天，丈夫要出去辦事。他怕自己走後，懶妻子自己不願動手會餓死，所以臨走之前特地為他老婆做了一張烙餅，又擔心懶妻子太懶，連自己動手拿一下都不願意，所以拿了根繩子串起那張烙餅，然後把餅掛在懶妻子脖子上，只要她張嘴就能咬到烙餅。

　　過了十多天，丈夫回到家，推門進屋一看，懶妻子已餓死了。再看那張烙餅，嘴邊附近的地方被咬了幾口，其餘的地方連動都沒動一下。原來她懶到連用手轉動一下烙餅都不願意，所以烙餅就在嘴邊卻活活餓死了。

　　事實上，懶惰會造成畏縮的產生，畏縮會導致上進心及自信心的喪失，一個人如果缺乏這些基本的優點，終其一生都得在困境中度日。

勤奮是成事之本

　　英格瓦・坎普拉（Ingvar Kamprad）是宜家的創始人，他讓瑞典國旗的顏色布滿了全球，為無數的家庭帶來簡約時尚的風格。

　　在《富比士》2005 年全球富豪榜中，坎普拉以 230 億美元的身價名列第六。宜家不可取代的標籤是低成本、低價格。對此，坎普拉有一句經典名句廣為流傳：「我已經習慣了在對方就要起身離開之際，問一句：能否再便宜一點？」

　　截至 2008 年，這位宜家老闆已擁有 150 億瑞士法郎資產，在全球 30 多個國家和地區擁有上百家連鎖公司和加盟店。目前，宜家有 8 萬員工，經營銷售著超過 1.24 萬種商品，相對固定的客戶或消費者約有 1.2 億。

　　坎普拉最愛說的一句話是：「只要我們動手去做，事情總會好起來。我們的生活就是工作，沒完沒了的工作。」

　　業精於勤荒於嬉。在通往成功的路上，曲折和坎坷是難免的，而不管多麼聰明的人，要想從眾多道路中取一捷徑，都少不了一個「勤」字。所謂「書山有路勤為徑，學海無涯苦作舟」，就說明了讀書與勤奮的關係。人生中任何一種成功和幸福的獲取，大多都始於勤而成於勤。

驕傲自大的人

　　處境卑微自然不幸，但卻沒有太大的危險，趴在地上的人是不會被摔死的。最可怕的情境是身處險峰而高視闊步，只見天高氣爽，不見峽谷深邃。

其實，只要腳下的某塊石頭一鬆動，就有墜入深淵的危險，而那些不可一世的英雄卻渾然不覺，兀自陶醉於「一覽眾山小」的壯景豪情中。殊不知正是這種時候，腳下的石頭最容易鬆動。

古往今來，驕傲自大毀了多少蓋世英雄！

在古典小說《三國演義》中，塑造了為數眾多的英雄好漢式的人物形象。其中有兩個人物則是驕傲自大的典範。

一個是關羽。此人曾經「過五關斬六將」，自以為「威震華夏」，「天下無敵」，非常驕狂。劉備自立為漢中王後，封「關（羽）、張（飛）、趙（雲）、馬（超）、黃（忠）」為「五虎大將」，關羽居首，關羽聽說黃忠也被封為「五虎大將」之一，大為惱火，怒氣沖沖的說：「黃忠何等人，敢與吾同列。大丈夫終不與老卒為伍！」關羽駐守荊州的時候，孫權派諸葛瑾到他那裡，替孫權的兒子向關羽女兒求婚，「求結兩家之好」，「並力破曹」，關羽竟勃然大怒，對諸葛瑾道：「吾虎女安肯嫁犬子乎！」孫權派陸遜鎮守陸口，陸遜派人送禮給關羽。關羽竟當著來使的面說道：「孫權見識短淺，焉用此孺子為將。」這個關羽，自稱「大丈夫」，又稱自己的女兒為「虎女」，把有「百步穿楊之能」的老將黃忠叫做「老卒」，把東吳首領的兒子罵做「犬子」，又把東吳的大將陸遜看做「孺子」，真是狂妄透頂！關羽如此狂妄自大，結局如何呢？到頭來落個：失荊州，走麥城，人頭落地，嗚呼哀哉。

另一個是馬謖。此人自命不凡，十分驕狂。司馬懿的大隊人馬向街亭進軍，馬謖自告奮勇請求領兵去守街亭。諸葛亮對他說：「街亭雖小，關係甚重。倘街亭有失，吾大軍皆休矣。汝雖通謀略，此地奈無城郭，又無險阻，守之極難。」馬謖自吹自擂，誇下海口：「某自幼熟讀兵書，頗知兵法。豈一街亭不能守耶？」馬謖一到街亭，看了地勢，就笑道：「丞相何故多心也？量此山僻之處，魏兵如何敢來！」，馬上下令「山上屯軍」。王平不同意他的意見，認為屯兵山上有危險。馬謖大笑：「汝真女子之見。兵法云：『憑高視下，勢如破竹』。若魏兵到來，吾教他片甲不回！」還說，「吾素讀兵書，丞相諸

事尚問於我，汝奈何相阻耶！」這個「徒有虛名」的庸才，驕狂輕敵，結果街亭失守，一敗塗地，害得諸葛亮無奈何唱了一齣「空城計」，而他自己也因此喪失了性命。

《阿Q正傳》中的主角阿Q是一個典型的「精神勝利者」，此人有時也頗為驕狂自大。阿Q自尊心很強，「所有未莊的居民，全不在他眼睛裡，甚至對於兩位『文童』也有以為不值一笑的神情。」他和別人吵架的時候，時不時瞪著眼睛道：「我們先前 ── 比你闊得多啦！」一個老頭說了聲「阿Q真能做」，他就洋洋得意起來。進了幾回城，他就「更自負」了。

上述幾個人物，都自以為了不起，都瞧不起別人，這是他們成為失敗者的共通點。但是，他們的驕狂又各有特點。關羽憑著他是「桃園三結義」中的老二，憑著他曾經「過五關斬六將」，所以狂妄自大，結果兵敗麥城，死於非命。馬謖因為「自幼熟讀兵書，頗知兵法」，因為平時「丞相諸事尚問於我」，才那麼驕狂自大。阿Q驕狂的資本，不過是「先前闊」（還不知是真是假）、「真能做」和進過幾回城，比起關羽、馬謖就可憐多了。這三個人的驕狂在程度上是有區別的，最厲害的要數關羽，其次是馬謖，阿Q就居於下了。

然而，驕狂的程度等於失敗的程度，所謂「驕兵必敗」，驕狂者最終必然在困境中毀滅。

托爾斯泰（Leo Tolstoy）曾經有一個巧妙的比喻，用來說明驕狂的原因。他說：一個人對自己的評價像分母，他的實際才能像分子，自我評價越高，實際能力就越低。

托爾斯泰的比喻，生動說明了一個人的自我評價與其真才實學之間的關係。願這個比喻能牢記在讀者心中，並時時有警鐘長鳴的作用。

謙遜是甜美的根

謙遜的人恪守的是一種平衡關係，使周圍的人在對自己的認同上達到一種心理上的平衡，讓別人不感受到劣等和失落。非但如此，有時還能讓

別人覺得自己高貴、比其他人優秀，即產生任何人都希望能獲得的所謂的優越感。

所以，謙遜的人不但不會受到別人的排斥，同時也容易得到社會和群體的接納和認同。

古希臘哲學家蘇格拉底曾說：謙遜是藏於土中甜美的根，所有崇高的美德由此發芽滋長。日本著名的企業家松下幸之助在談人生時用了盲人走路的比喻，他說：「盲人的眼睛雖然看不見，卻很少受傷。反倒是眼睛好的人動不動就跌倒或撞到東西，這都是自恃眼睛看得見，而疏忽大意所致。盲人走路非常小心，一步步摸索著前進，腳步穩重，精神貫注，像這麼穩重的走路方式，明眼人常常做不到。人的一生中，若不希望莫名其妙受傷或挫敗，那麼，盲人走路的方式，就頗值得引為借鑑。前途莫測，大家最好還是不要太莽撞才好。」

懂得謙遜就是懂得人生無止境，事業無止境，知識無止境。知之為知之，不知為不知，知不知者，可謂知矣。海不辭水，故能成其大；山不辭石，故能成其高。有謙乃有容，有容方成其廣。人生本來就是克服一個又一個障礙前進的，攀登事業的高峰就像跳高，如果沒有一個利那間的下蹲積聚力量，怎麼能縱身上躍？人生又像一局勝負無常的棋，我們無法奢望自己永遠立於不敗之地。況且，「鶴立雞群，可謂超然無侶矣，然進而觀於大海之鵬，則渺然自小；又進而求之九霄之鳳，則巍乎莫及」。

另外，謙遜對於人際交往也非常重要。一個背著自負自傲沉重包袱的人，他的友誼財富必然少得可憐。在這裡，謙遜需以坦誠為基礎，否則就難免陷入虛偽的泥潭。比如在討論問題時，明明自己有不同意見，為表謙遜而不明白說出，或者吞吞吐吐，言而不盡；對方批評自己時，當面唯唯稱是，背後卻又發牢騷等等。

再者，還應劃清兩個界限。一個是謙遜與虛榮的界限。如果一個人故作謙遜姿態，以求得到「謙遜」的美譽，那其實是虛榮的一種常見表現。這種虛

榮心一旦被對方察覺，哪裡還會有愉快的交往可言？另一個是謙遜與諂媚的界限。有些人在交際時總愛對他人說一些言不由衷的溢美誇飾之詞，以為只有這樣才能使自己顯得彬彬有禮，謙恭而有教養。殊不知，過分溢美，幾近諂媚。如斯賓諾莎（Baruch de Spinoza）所言，雖說諂媚「也可帶來和諧，但這種和諧是藉奴性的、無恥的罪過或欺騙所造成。」古人有「滿招損、謙受益」的箴言，忠告世人要虛懷若谷，對人對事的態度不要驕狂，否則就會使自己處於四面楚歌之中，被世人譏笑和瞧不起。這樣處世，怎麼能使自己有進步呢？

剛愎自用的人

剛愎自用的人頑固、守舊、偏執。對於某種理念，過於專注，他認定了的事，就堅持到底，死不回頭，一個勁認為自己是在堅持原則，堅持真理。實際上他們認的卻是死道理、過了時的土教條，或是不符合現實社會情勢的框框，一點靈活性都沒有。這類人面對世界的發展進步，總覺得不可思議或是在瞎搞；自己的這種想法，明明是與時代潮流相違背，卻反過來認為是時代在倒退，是一代不如一代。這類人對新事物、新人物、新現象、新趨勢總是看不慣，視為洪水猛獸。有時，他們的言行比保守派還保守，比頑固派還頑固。

剛愎自用的人自尊心極高，一點都冒犯不得，誰若是當面提出意見，尤其是在大庭廣眾之中公然反對他，他就會火冒三丈，認為這是故意和他過不去，故意讓他下不了臺，是故意在挑釁。他就會從此記在心上，這個「傷口」就很難癒合，往往一輩子都難以忘掉，以後一有機會就會對「找碴的人」進行報復，以報這個「宿怨」。

剛愎自用的人大多是從來不認錯的人。這種人對自己的眼光和能力從來不懷疑，有時明明是自己錯了，卻就是不承認；明明是自己將事情搞得很

糟，但就是不認帳；明明是自己的指導方式出了問題，卻偏偏說是他人將他想說的理解錯了……總之，黑的說成白的，錯誤變成了真理，成果永遠是自己的，錯誤永遠是他人的，即便是他有錯，也是「一個指頭和九個指頭」，是「七分成績和三分缺點」，因而經常倒打一耙，反誣批評者不懷好心。不僅如此，為了澈底杜絕批評者的反對聲音，還會利用權勢大整特整那些批評者。這類剛愎自用者不肯悔改，又不聽他人勸告的特點，往往會使他們在錯誤的道路上越走越遠，其結果就會與自己原來美好的奮鬥目標南轅北轍。

剛愎自用的人通常都是好大喜功的人。這類人喜歡自我肯定、自我表彰，做了一點點有益的事，就沾沾自喜，到處居功，唯恐他人不知道。這類人也只喜歡聽好話，聽吹捧的話，不喜歡聽不同的意見，更不喜歡聽反對的話，因而在他的周圍聚集著一幫獻媚於他的小人，這些小人會投其所好，在他的面前搬弄是非，結果呢，這類有權勢的剛愎自用者離「正派忠良」就會越來越遠。

應該說，沒有一點「資格」、「本領」，是不可能擁有剛愎自用這個「稱號」的。這類人，有一定的能耐，在自己的工作、事業上還做出過一定的成績，因而自傲到了極點，自視甚高，自我感覺永遠良好，達到自我陶醉、不可一世的地步。有些剛愎自用的人還是典型的自我崇拜狂，看他人是「一覽眾山小」，自己什麼都是對的，別人通通都是錯的，這類人個性孤傲，對人冷若冰霜。儘管他沒有跑到大街上宣布：「上帝已經死了，我就是上帝」，但是，他的所作所為卻無聲宣布自己就是上帝。

不要自以為是

剛愎自用是一種非常可怕的壞毛病。它可能使人越來越不知道天高地厚，離真理越來越遠，離逆境越來越近。那麼，怎麼糾正或消除剛愎自用的壞毛病呢？

一是要謙虛謹慎，虛榮心不要太強，應盡量聽取別人的意見。心太滿，

就什麼東西都裝不進來；心不滿，才能有足夠裝填的空間。古人說得好：「滿招損，謙受益。」做人應該虛懷若谷，讓胸懷像山谷那樣空闊深廣，這樣就能吸收無盡的知識，容納各種有益的意見，從而使自己變得充實、豐富，不犯文過飾非的毛病。

二是不要輕易否定別人的意見。要理解別人，體貼別人，這樣就能少一分盲目和偏執。要善於發現別人見解的獨特性，只有這樣才能多角度、多方面、多層次觀察問題，這是一個現代人必備的素養。無論如何，不能一聽到不同意見就勃然大怒，更不能利用權勢將他人的意見壓下去、頂回去。這樣做是缺乏理智的表現，是無能的反應，有百害而無一益。

三是要有平等、尊重的精神。而這種精神形成的前提條件是有一種寬容的心態。只有互相寬容，才能做到彼此之間的平等。學會寬容，就必須學會尊重別人。尊重上位者，人們通常都很容易做到，而尊重比自己「低得多」的人，尊重普通人，尊重自己的下屬，卻很難很難，尊重就必須從這一點開始。什麼叫尊重？就是認真聽，認真分析，對的要吸收，並在行動上改正，即便是不對的，也要耐心聽，耐心解釋，做到不小氣、不狹隘、不尖刻、不勢利、不嫉妒，從而將自己推到一個新的思想修養高度。

四是要樹立正確的思考模式。一個人為什麼會剛愎自用？重要原因之一，就在於他的思考方法出了問題，經常是一孔之見，卻還沾沾自喜，經常是一葉障目還自得其樂。這類人不懂天外有天，不懂世界的廣闊，因而夜郎自大，所以必須在思考模式上澈底脫胎換骨一番。

五是要多做調查研究。剛愎自用者最大的毛病就是自以為是，就是想當然耳，認為自己在書房裡想的一切都是千真萬確，明明是與現實脫節的，卻還硬要堅持下去。為什麼？就是因為他們的理論知識太多，實務知識太少。所以建議這類人要多到火熱的現實生活中去，進行實地的調查研究，看一看實務是怎麼回事，這樣就很容易避免剛愎自用的產生。

總之，一個剛愎自用的人若不能克服這種壞毛病，那麼，他終有一天會跌得頭破血流，飽嘗逆境的滋味。

輕諾寡信的人

輕諾寡信語出《老子》第六十三章：「夫輕諾必寡信，多易必多難。」意為輕易答應人家要求的人，一定很少守信用。「人無信不立」，做人信用第一。所謂「一諾千金」，別人有求於你，你能做到的當然要答應，做不到的，則要說明原委，千萬不能輕易承諾之後卻不當一回事。你不守信用，一次、兩次，等別人對你失望，甚至對你記恨，從此不再和你來往，那時再想挽救便遲了。而一個喪失信用的人，在社會上寸步難行，想做什麼事情，都簡直難如上青天，不僅難以得到別人的幫助，更會招來一些人故意設置的障礙。

我們從小都聽過「抱柱守信」的故事。古時候，有位年輕人和人相約在橋下。他等了許久也沒見到相約的人。一會後，河水上漲，漫過了橋，他為了守信，死死抱住橋柱，全心等待著友人的到來。河水越漲越高，竟把他淹死了。這位年輕人抱柱而死的行為儘管有點迂腐，然而，那種「言必信，行必果」的品格，卻是永遠值得人們敬佩的。

有許多諾言能否兌現得了，不只是取決於主觀的努力，還有一些不可抗力的因素。有些照正常的情況可以辦到的事，後來因為外在情勢起了變化，一時辦不到，這是常有的事。我們在工作和生活中要有誠信，不要輕易做承諾，許諾時不要斬釘截鐵的拍胸脯，應留一定的餘地。當然，這種留有餘地是為了不要使對方從希望的高峰墜入失望的深谷，而並不是為自己的不努力找理由。

在與人交往時，我們常會聽見或說出那些並非出自本意的客套話，而人們對於這些社交辭令也往往不加重視。

比方說，當一群人在談論戲劇時，你可能會聽到這樣的對話：「我非常喜歡欣賞戲劇，尤其是刻畫現代人生活點滴的戲。」

「你喜歡那樣的戲呀？真巧，我認識一位前劇場經理，他們的劇場最近要推出這個類型的戲，這樣吧！改天我幫你要一張門票。」

這是極為典型的雙方都不認真的社交辭令。與其說這是約定，倒不如說它是談話時的潤滑劑。

如果有一天，你與客戶談到某處的椰子很有名，你說出此話的原因，當然不是在暗示他，你想要吃椰子，而只是將名產列入話題罷了！因此，在聽到這位客戶說「正好下週我去出差，到時候我帶兩顆回來送你」時，你自然擺出一副煞有介事的模樣，回應「好啊！」，但實際上，你從未將此話當真。

但令你吃驚的是，一星期後你收到了這位客戶送來的椰子！你會驚訝，是因為料想不到在世界上竟然還有如此老實憨厚的人。也許就是這一次，會讓你對這位客戶的印象非常良好。

所以，在交流中確實履行自己所作的「改天我……」的承諾，必能打動對方的心。

然而，或許有人會認為自己與對方的態度不同，何必如此認真履行承諾。不過，就因為對方的不當真，而你卻以認真的態度面對所做的「約定」，這樣產生的效果才會更大。換言之，對方對你這種履行諾言的誠信行為，引發出的喜悅及讚賞會隨著吃驚程度而成正比增加。認真履行自己所作的「改天我……」的承諾，不管是進行感情投資，還是讓他人愉悅舒坦，都不失為一個妙策。

現代年輕人在面對自己曾許下的諾言時，常以馬虎輕率的心態處理。

比如說，有人以為逢人便說「改天我們去吃個飯吧」或「改天我們去喝杯咖啡」是八面玲瓏的做法。實際上，所得到的效果卻適得其反。在表面上，對方也會因場面的關係而應聲附和，但在私底下卻對你經常開支票，而且是不能兌現的空頭支票，產生極大的反感，對你的信賴更是逐漸降低。

曾子殺豬取信說的就是這樣一個故事。一天，曾參的妻子上街，兒子哭著要跟著去，妻子哄他說：「你在家裡等著，媽媽回來殺豬給你吃！」兒子信

以為真，不哭鬧了。妻子從街市回家，只見曾參正拿著繩子在捆豬，旁邊放著一把雪亮的尖刀。妻子趕上前說：「我剛才是哄孩子，你怎麼當真呢？」曾參嚴肅而認真的說：「那可不行，當父母的不能欺騙孩子。如果父母說話不算數，孩子小不懂事，就會跟著學，這樣就成了教孩子說假話騙人，那就太不好了。」妻子為難的說：「那可怎麼是好？」曾參果斷的說：「就照你說的辦吧！這叫『言必信，行必果』。」

有的人面對別人的請求時，雖然心裡很想拒絕，但是覺得拒絕了對方，便是傷害了對方的自尊心，或是擔心被指責為不講義氣，所以就違心的答應下來，隨後懊惱不已，因此無法實現，往往失信；有的人喜歡輕易許諾，以顯熱情，但又沒有足夠的能力兌現諾言，往往失信；有的人事到臨頭或興奮時刻，慨然應允給別人某件物品，以示慷慨，可是冷靜之後，又十分捨不得，後悔莫及，吝嗇占了上風，常常失信；有的人對於自己根本辦不到的事，也拍胸脯、打包票，事後總不能兌現，常常失信。他們往往不知道做人要以嚴格守信為先，不知道既然許諾他人，就要不惜一切給予、絕不能吝嗇，就要竭盡全力去實現而毫不動搖的道理，這樣做的後果往往使他人懷疑和不信任你。

所以，是否對他人許諾要根據自己的實際情況來決定，當自己無能為力或心裡不願意給予或是難以給予的時候，我們應保持緘默，或者誠實說一聲「不」、「對不起」。在回絕的時候應做到友好、輕鬆、誠懇，因為這樣的拒絕並非惡意，別人會理解你的苦衷並給予體諒的。

憑信譽許諾是非常嚴肅的事情，對不應辦的事情或辦不到的事，千萬不能輕率應允。一旦許諾，就要千方百計去兌現。否則，就會像老子所說的那樣：「輕諾必寡信，多易必多難」，一個人如果經常失信，一方面會破壞他本人的形象，另一方面還將影響他本人的事業。

明代《郁離子》一書中有如下一則商人因失信而喪生的故事：濟陽某商人過河船沉，他拚命呼救，漁人划船相救。商人許諾：「你如果救我，我付你

100 兩金子。」漁人把商人救到岸上。商人只給了漁人 80 兩金子，漁人斥責商人言而無信，商人反責漁人貪婪。漁人無言走了。後來，這商人又乘船遇險，再次遇上漁人。漁人對旁人說：「他就是那個言而無信的人。」眾漁人停船不救，商人溺死河中。這就是言而無信的後果。

恪守信義，一諾千金

所謂恪守信義，是指對許諾一定要兌現。答應了別人什麼事情，對方自然會期望著你做到，一旦別人發現你開的是「空頭支票」，說話不算數，就會產生強烈的反感。「空頭支票」會給人添麻煩，也會使自己名譽受損。對別人委託的事情要盡心盡力去做，但不要許諾自己根本做不到的事情。美國前總統華盛頓（George Washington）曾說過：「一定要信守諾言，不要去做力所不能及的事情。」他告誡人們，因承擔一些力所不及的工作或為嘩眾取寵而輕諾別人，結果卻使自己不能如約履行，那是很容易失去信用的。

東漢時，汝南郡的張劭和山陽郡的范式同在京城洛陽讀書。學業結束他們分別的時候，張劭站在路口，望著長空的大雁說：「今日一別，不知何年才能見面……」說著，流下淚來。范式拉著張劭的手，勸解道：「兄弟，不要悲傷。兩年後的秋天，我一定去你家拜望老人，與你聚會。」

落葉蕭蕭，籬菊怒放，這正是兩年後的秋天。張劭突然聽見長空一聲雁鳴，牽動了情思，不由得自言自語說：「他快來了。」說完趕緊回到屋裡，對母親說：「媽媽，剛才我聽見長空雁叫，范式快來了，我們準備準備吧！」「傻孩子，山陽郡離這裡 1,000 多里，范式怎麼來呢？」他媽媽不相信，搖頭嘆息：「1,000 多里路啊！」張劭說：「范式為人正直、誠懇、極守信用，不會不來。」老媽媽只好說：「好好，他會來，我去打點酒。」其實，老人並不是相信，只是怕兒子傷心，安慰一下兒子而已。

約定的日期到了，范式果然風塵僕僕趕來了。舊友重逢，親熱異常。老媽媽激動的站在一旁抹眼淚，感嘆的說：「天底下真有這麼講信用的朋友！」

范式重信守諾的故事一直被後人傳為佳話。講信用，守信義，是立身處世之道，是一種高尚的品格和情操，它既展現了對他人的尊重，也表現了對自己的尊重。但是，我們不鼓勵那種「言過其實」的許諾，我們更不能有「言而無信」、「背信棄義」的醜行！

講信用是忠誠的外在表現。人離不開交流，交流離不開信用。「小信成則大信立」，治國也好，理家也好，做生意也好，都需要講信用。一個講信用的人，能夠言行一致，表裡如一，人們可以根據他的言論去判斷他的行為，進行正常的來往。如果一個人不講信用，說話前後矛盾，做事言行不一，人們無法判斷他的行為動向，對於這種人是無法進行正常交流的，更沒有什麼魅力可言。守信是取信於人的第一要素，信任是守信的基礎，也是取信於人的方法。

處世無方的人

佛家有云：「善有善報，惡有惡報」，並且強調「不是不報，時辰未到；時辰一到，一切都報。」

所謂「善有善報，惡有惡報」，聽來玄虛，其實是一句有關人性人情的至理名言。一個「報」字，表現了人性中類似「反作用力」的深刻含義。給予善待，則對方尋求報償，結果是「多個朋友多條路」；施以惡毒，則對方伺機報復，結果是「多個仇人多堵牆」。人生在世，有如旅行，是暢通無阻還是寸步難行，全看自己怎樣待人。

處世無方，最容易得罪他人而招來橫禍。有一天，一位旅客在機場看見一位衣冠楚楚的商人正大聲斥責搬運工人沒有處理好他的行李。商人罵得越凶，工人越顯得若無其事。商人走後，那位旅客稱讚搬運工人有涵養。「噢，是嗎？」工人笑著說，「你知道嗎，那傢伙是到佛羅里達去的，可是他的行李嘛，即將要運到密西根去了。」與你共事的人 ── 即便是下屬 ── 只要受了你的氣，就會跟你作對。

相反的，只要你精於處世之道，即使犯了嚴重的錯誤也沒關係，很多能力平平的管理人員都能安然無恙度過公司的人事變動，其原因就在這裡。他們處世待人通情達理，討人喜歡，一旦犯錯，支援他們的人總會幫助他們通融補過。他們偶爾犯了一次錯誤之後，如果老闆覺得他們能以負責幹練的態度來糾正錯誤，說不定反而會提拔他們。

處世之道是後天培養的技巧，可以越練越精，就像禮貌一樣，人人都可以學會。

飛蛾撲火，自取滅亡，其招惹禍因的根源在自身；果實的種子播種後發芽開花，花又結出豐碩的果實，其福報的由來仍然在自身。種瓜得瓜，種豆得豆，因果報應是一種客觀規律，既不玄虛，也非迷信。

既然因果報應既不玄虛，也非迷信，人們在社會生活中就應該盡可能多做有益於他人和社會之事，而杜絕一切對他人和社會有害之事。這既是一個必然的結論，也是人們事事順風的必然要求。

俗話說「要想人愛己，先須己愛人」，「我為人人，人人為我」，一個人應該時刻存有樂善好施、助人為樂、成人之美的心態。這在某種意義上很像在銀行儲蓄，一個人唯有養成平時儲蓄的習慣，遇到不測時才不至於手忙腳亂，儲蓄越多，他的未來就越有保障，越可能幸福。同樣的道理，人們也只有在平時努力去做有益於他人和社會之事，才能使生活的道路越走越寬，事業越做越大，最終實現自己的遠大目標。

善於與人合作

現代社會裡，誰被孤立誰就會失敗；失敗了還要堅持孤立，那這個人就是個澈底的失敗者了。在這個現代社會的大舞臺中，個人的力量是渺小的，是微不足道的，而善於合作，則是你不可或缺的重要途經。

有人說過：「幫助別人往上爬的人，會爬得最高。」這句格言的意思是再明白不過了，能幫助別人往上爬的人，肯定有幾項能力：一是他要站得比受

幫助的人更穩，更高，說明其自身能力很強；二是一直幫助別人往上爬的人必定善於與人合作，而沒有人不願意和幫助自己的人合作；三是他有領導能力，他要一直幫助別人往上爬，至少他能為別人指明方向，引導別人向前，向更高一步發展，否則那就會幫倒忙了。再往深處想一想，人人都願意和他合作，團結合作的力量肯定比自己單打獨鬥強，加上他自己較優秀的能力，這人肯定是能夠成功的。

　　１＋１＞２的道理許多人都懂，可一旦具體實施，就不一定做得到了，要不是不努力去找人合作，就是不善於與人合作。總之，真正理解並運用這個公式，並能深刻理解這道課題的人不常見。你沒必要獨自一個人去實現你的夢想，也不應該如此。

　　如果你幫助其他人獲得他們需要的事物，你也能因此得到想要的事物，而且幫助得愈多，得到的愈多。沒有人是三頭六臂，你個人不可能有太多的精力；你在此方面是天才，可能在別的方面卻能力低落；你在這個領域呼風喚雨，卻可能在別的領域寸步難行。

　　一個巴掌拍不響，眾人拾柴火焰高。

　　一般而言，凡是古今中外的事業有成者，往往都是團結合作的好手；都是能將他人的聰明才智「集合」起來的高手；都是能將合作者的潛能充分調動、發揮的能手。漢高祖劉邦在平定天下、設宴款待群臣時很有感慨的說：「運籌帷幄，決勝千里之外，朕不如張良。治國、愛民，蕭何能有萬全計策，朕不如蕭何。統帥百萬大軍，百戰百勝，是韓信的專長，朕也甘拜下風。但是，朕懂得與這三位天下人傑合作，所以朕能得到天下。反觀項羽，連唯一的賢臣范增都收攏不了，這才是他步入垓下逆境根本的原因。」

　　有人問：「我也想與人合作，但就是合作不了，是什麼原因呢？」

　　第一，與自己的私心太強有關。合作需要人的無私，需要利益共用。有些人的私心太強，什麼利益都想自己獨吞，凡涉及名利之事都想以自己優先，都想將他人排斥在外，自己一點小虧都不肯吃；有些人的功利主義色彩

太強，對合作者採取實用主義的態度，要用到他人時，什麼都好商量，不用他人時，則採取將人一腳踢開、理都不理的態度。一個人若是對合作者採取這樣的態度，那麼是永遠合作不好的，而且合作不久也會馬上拆夥的。

第二，與自己不能平等待人有關。合作需要人與人之間的平等，需要人與人之間的尊重。但是，有的人卻不是這樣，總是將自己看作是主人，將自己的合作者看作是「被恩賜者」，因而有意無意表現出一副優越感，不懂得尊重人，缺乏民主精神，在合作者面前他永遠是個指揮者、命令者，讓合作者感到很不愉快，時間一長，這種合作也將是不歡而散的。

第三，與自己對他人的苛求有關。有的人雖然很有能力，私心也不多，對自己的要求也很嚴格，但是別人就是不願意在他手下工作。什麼原因呢？就是因為這類人不太懂得「人非聖賢，孰能無過」的道理，往往將對自己的要求也強加到合作者的身上。自己在節日、假日加班，也不讓其他人休息，誰要是休息，就是想偷懶，就是不好好工作，就批評指責他人。這類人還有一個毛病，即總是要將自己的意志強加於人，什麼事情都得聽他的，都必須按他的意旨辦事，時間一長，誰能受得了？最後，一定是以合作的失敗結束。

第四，與自己情感上的毛病有關。有的人什麼都好，就是自己太偏執，太乖僻，太憑印象辦事。對自己認為是「中意的人」，就一好百好，什麼事情都好說，而對那些自己感到「彆扭的人」，整天板著臉，總是持一種懷疑、偏見和對抗心理去審視對方的一切，只要是這些人提出的意見，他就打從心底反感，更談不上去共同完成，有時甚至故意找碴，在這種狀態下彼此怎能合作得好呢？

那麼，我們應該怎樣加強合作精神呢？

要與他人合作得好，就必須克服自己的私心，不能只顧自己，不顧別人，而是要做到「寧人負我，我不負人」，最起碼要做到「利益共用」，人家該得到的就要讓人得到，甚至得到的還要多一些。

要與他人合作得持久，就要像唐代大詩人李白所說的那樣：「不以富貴而

驕之，寒賤而忽之」，讓他人感覺自己也是合作項目的主人，感到很順心。

要與他人合作得好，就必須做到不苛求合作者（當然，這並不是說對合作者一味無原則的遷就），不吹毛求疵，多一點寬容忍讓，做到「勿以小惡棄人大美，勿以小惡忘人大恩」，讓合作者感覺他工作的環境和諧、融洽，這樣的合作才能牢固、長久。

要與他人合作得好，必須要多為他人想一想，多多幫助對方，尤其是當合作者有困難時，更需關心他人，及時伸出幫助之手，讓對方真切感覺到你在同情他、幫助他，在替他分憂解愁。

要與他人合作得好，必須經常認真對自己反思，想一想最近的合作狀況。想一想自己有哪些過錯，還有哪些地方可以改進……多一點反思肯定會使與他人的合作更愉快。

自暴自棄的人

這種人在生活中似乎從未有過成功。在他們看來，從來沒有人關心過他們；問題、衝突和困難似乎總是壓得他們喘不過氣來，每做一件事情，他們想到的就是各式各樣的失敗因素。他們總是覺得自己不行，不如別人，無法接受生活的挑戰。他們老是覺得自己處處「不走運」，是生活中的犧牲品。

他們一遇到困難，只會唉聲嘆氣：「我總是這麼倒楣」、「瞧，我早知道事情會是這個樣子」、「我無論做什麼都不會成功」、「為什麼生活總是和我作對？」他們往往不願意再做進一步的努力去解決困難和問題，而認為：「這有什麼用呢？結果肯定還是一樣。」　他們遇事常常缺乏活力、熱情和動力，一味尋找放棄的藉口。他們經歷了太多的挫折和失敗，所以便形成了一種灰色的生活態度，視生活為自己的敵人，認為自己生來就注定會被阻撓和擊垮。

在古希臘神話中，還有一個薛西弗斯的故事。薛西弗斯因為在天庭犯了法，被天神懲罰，降到人世間來受苦。天神對他的懲罰是：要他將一堆石頭

推上山。每天，薛西弗斯都費很大的勁把那塊石頭推到山頂，然後回家休息，可是，在他休息時，石頭又會自動滾下來，於是，薛西弗斯又要把那塊石頭往山上推。這樣，薛西弗斯所面臨的是：永無止境的失敗。天神要懲罰薛西弗斯的，也就是要折磨他的心靈，使他在「永無止境的失敗」命運中，受苦受難。

可是，薛西弗斯不肯認命。每次，在他推石頭上山時，天神都打擊他，用失敗去折磨他。薛西弗斯不肯在成功和失敗的反覆循環中自暴自棄，他在面對絕對注定的失敗時，表現出明知失敗也絕不屈服的抗爭意志。天神因為無法再懲罰薛西弗斯，最終讓他回到天庭。

薛西弗斯在面對苦難時的抗爭，可以解釋我們一生中所遭遇的許多事情，其中最關鍵的是：生活中的困難都是有「奴性」的，如果我們憑自己的努力戰勝了它，我們便成為它的主人，否則我們將永遠是它的奴隸。

在一次記者招待會上，一名記者問美國副總統威爾遜（Henry Wilson），貧窮是什麼滋味時，這位副總統向我們講述了一段他自己的故事。

「我在 10 歲時就離開了家，當了 11 年的學徒工，每年可以接受一個月的學校教育，最後，在 11 年的艱辛工作之後，我得到了一頭牛和六隻綿羊作為報酬。我把它們換成了 84 美元。從出生到 21 歲那年為止，我從來沒有在娛樂上花過一美元，每個美分都是經過精心算計的。我完全知道拖著疲憊的腳步在漫無盡頭的山路上行走是什麼樣的痛苦，我不得不請求我的同伴們丟下我先走⋯⋯在我 21 歲生日之後的第一個月，我帶著一隊人馬進入了人跡罕至的大森林，去採伐那裡的大圓木。每天，我都是在天際的第一抹曙光出現之前起床，然後就一直辛勤工作到天黑後星星探出頭來為止。在夜以繼日的辛勞努力一個月之後，我獲得了 6 美元的報酬，當時在我看來這可真是一個大數目啊！每個美元在我眼裡都跟今天晚上那又大又圓、銀光四溢的月亮一樣。」

在這樣的窮途困境中，威爾遜先生下定決心，不讓任何一個發展自己、提升自我的機會溜走。很少有人能像他一樣深刻體會閒暇時光的價值。他像抓住黃金一樣緊緊抓住了零星的時間，不讓一分一秒無所作為的從指縫間流走。

在他 21 歲之前，他已經設法讀了 1,000 本好書 —— 想想看，對一個農場裡長大的孩子而言，這是多麼艱鉅的任務啊！

要想真正戰勝困境，就必須對自己說：「我知道我不是困境的犧牲者，而是它們的主人。」

滿懷希望積極進取

與自暴自棄的宿命論者相反的是滿懷希望的積極進取者。這種人身上的每一個細胞都散發著樂觀的氣息和充沛的活力。他們希望每一件事情都能如他們所願，自然而然取得一個圓滿的結果。一旦出現了困難或衝突，他們只是將其視作需要自己處理的一個問題 —— 一個學習和成長的機會，並更加努力去繼續爭取實現自己理想的目標。他們自己感覺到精力充沛、目標明確、充滿活力而且朝氣勃勃！他們憧憬未來、熱愛生活，將生活視為自己的朋友，認為這個朋友會始終帶著愛心、理解和關懷去滿足他們的種種需求。他們深知並熱愛生活的目標，他們意識到生活具有一種不斷進步和發展的自然傾向，並懂得與這種自然傾向互相配合。在健康方面，他們相信生活的目的本來就是要保持、增強並維護他們體內的每一分活力。在他們看來，生理上的「疾病」只是暫時的，並且很可能是由他們精神上的思慮所引起的。但是他們從不允許自己的生活中出現這種憂慮。在思想上，他們嚴格防範那些與健康、力量和成就相抵觸的觀念。此外，他們懂得人類最強烈的本能是自我保護和延續生命，他們深信這些想法和信念就代表了最基本的真理。無論在哪一方面，他們都與不斷向上的生命動力保持一致。

　　對那些滿懷希望、積極向上的人而言，困難與打擊算不了什麼。他們只將其視為生活和工作中「需要處理的一個問題」。他們充滿信心的去克服它，他們堅信而且深知每一件事情多少都會給他們帶來一些好處。因為他們尋找並期待成功，所以他們往往能夠找到成功。他們對成功和收穫抱有堅定的理想，並始終把對成功的憧憬和期待深藏在心底。正因為有了這種宏偉的憧憬和期待，他們才會在生活中努力去實現他們的理想。

　　他們展望成功，擁抱成功並夢想成功 —— 成功在他們看來是如此清晰而真切，於是成功便成了他們生活中唯一的事實。他們讓自己的每一種想法都為自己所用，於是他們便能夠獲得豐厚的收成。他們並不胡思亂想或做白日夢。實際上，他們之所以能夠創造成功，是因為他們堅信他們內心對理想的憧憬和期待並非空想，而是一種創造力，而這種創造力必然會使理想化為現實。他們嚴格規定自己的所思所想必須是最美的、最崇高的內容，包括感情、意象和理想；他們已經目睹了別人取得的成就、進步和收穫，而且他們知道自己具有和別人一樣的生命力，所以他們相信自己也能成功。他們清楚意識到成功並不僅僅屬於上天指派的少數幾個人；他們知道只要他們在思想上樹立起不斷進步、不斷發展的生活目標，並把這種追求化為實踐，那麼成功就是他們應得的回報。

　　因此，他們杯子裡裝的水總是滿的，而且會越來越滿。當他們杯子裡的水滿到杯口，快要溢出時，他們並不擔心水會外流或浪費，因為他們會本能的換一個更大的杯子。無論遇到什麼樣的難題、困境或煩惱，他們總是相信會找到解決問題的方法。所以，他們帶著對美好前景的憧憬和堅定的信念不懈奮鬥，對周圍那些與他們的思想相衝突的觀念和看法不屑一顧，努力去體驗更多美好的人生。結果呢？生活不斷證明他們的思考方式是人們應有的思考方式 —— 是實現生活的目標所必須具備的思考方式。

睚眥必報的人

別人只不過瞪了你一眼，這樣極小的仇恨也要報復 ── 睚眥必報的人，心胸狹窄，免不了處處樹敵，自己把自己置入一個四面楚歌的困境。

莎士比亞有一句名言：不要因為你的敵人而燃起一把怒火，熾熱得燒傷自己。縱覽古今中外，凡是胸懷大志，目光高遠的仁人志士，無不是以大度為懷，置區區小利於不顧。而那些鼠肚雞腸，競小爭微，隻言片語也耿耿於懷的人，沒有一個是成就大事業的人，沒有一個是有出息的人。

在待人處世中，肚量直接影響人與人之間的關係是否能和諧發展。人與人之間經常會產生衝突，有的是由於價值觀的不同，有的是由於一時的誤解造成的。如果我們能夠有寬容的肚量，以諒解的態度去對待別人，就可以贏得時間，使衝突得到緩和，反之，如果肚量不大，那麼即使是為了芝麻大的小事，彼此之間也會斤斤計較，爭吵不休，結果是傷害了感情，影響了友誼。在這個世界上我們各自走著自己的人生之路，路上熙熙攘攘，難免有碰撞，即使心地最和善的人也難免有傷別人的心的時候。朋友背叛了我們，父母責罵了我們，或愛人離開了我們，都會使我們的心靈受到傷害。

古人說「有容德乃大」，又說「唯寬可以容人，唯厚可能載物」。從生活實踐來看，寬容大度確實是人在實際生活中不可缺少的素養。做人要胸襟寬廣，要有寬容平和之心，這不僅是一種魅力，更是在社會中成功的一種要素。

一個睚眥必報的人，對周圍人戒備森嚴，心胸狹窄，處處提防，他不可能有真正的夥伴和朋友，只會使自己陷入孤獨和無助中；而寬宏大量，與人為善，寬容待人，能主動為他人著想，肯關心和幫助別人的人，則討人喜歡，易於被人接納，受人尊重，具有魅力，因而更能體會成功的喜悅。

冤冤相報撫平不了心中的傷痕，它只能將傷害者和被傷害者捆綁在無休止的怨恨戰車上。聖雄甘地說得好：倘若我們大家都把「以眼還眼」式的正

義作為生活準則，那麼全世界的人恐怕就都要變成瞎子了。第二次世界大戰後，有位科學家也說過這樣一句格言：「我們最終必須與我們的仇敵和解，以免我們雙方都死於仇恨的惡性循環之中。」

在同一陣營之中，寬恕是消除內部衝突的有效方法；對志趣相投的群體來說，唯有不斷寬恕，才能取得事業上的共同成功。

寬容是征服他人的最佳武器

袁紹進攻曹操時，令陳琳寫了三篇檄文。陳琳才思敏捷，斐然成章，在檄文中，不但把曹操本人臭罵一頓，而且罵到曹操的父親、祖父的頭上。曹操當時很惱怒，氣得全身冒火。不久，袁紹兵敗，陳琳也落到了曹操的手裡，一般人認為，曹操這下不殺陳琳難解心頭之恨。然而，曹操並沒有這樣做。他喜歡陳琳的才華，不但沒有殺他，反而拋棄前嫌，委以重任。這使陳琳很感動，後來為曹操出了不少好主意。

在美國歷史上，恐怕沒有誰受到的責難、怨恨和陷害比林肯多的了。但是根據那些傳記中的記載，林肯卻「從來不以他自己的好惡來批判別人」。如果一個以前曾經羞辱過他的人，或者是對他個人有不敬的人，卻是某個位置的最佳人選，林肯還是會讓他去擔任那個職務，就如同他會派他朋友去做這件事一樣。而且，他也從來沒有因為某人是他的敵人，或者因為他不喜歡某個人，而解除那個人的職務。很多被林肯委任而居於高位的人，以前都曾批評或是羞辱過他──比如麥克萊倫（George B. McClellan），愛德溫·史坦頓（Edwin McMasters Stanton）和蔡斯（Salmon Portland Chase）等。但林肯相信：「沒有人應該因為他做了什麼而被歌頌，或者因為他做了什麼或沒有做什麼而被排斥。」因為所有的人都受先天條件、環境、教育、生活習慣和遺傳的影響，使他們成為現在這個樣子，將來也永遠是這個樣子。

一個人如果心胸狹窄，總是從自私的角度去看問題，是無法得到他人支持與擁護的。想要成為有魅力的年輕人，要力戒為人偏狹，盡量寬容他人，

因為只有這樣，才能贏得人心。毫無疑問的，寬容不僅是習慣，也是一種品德，是年輕人應該養成、有助於成功的習慣之一，是年輕人成大事所必備的德行之一。

中國傳統注重「德」，一個人有「德」才會服人。有才無德，這樣的人也許可逞一時之勢，卻不能掌握歷史的方向，最終還是會被時間所摒棄。正是本著這種「德」而行，多少名人都是用他們身上的美德征服了世人，用他們的寬容征服了世界。

寬容的人能以德服人，一個人的品德往往就是一種寬容。能容忍的人，決定了他在別人心目中的位置，而人們在選擇自己所追隨的目標時，也往往是以「德」字為標準的。

糊塗有利，計較無益

聰明難，糊塗更難，由聰明轉入糊塗更難上加難。然而，正是因為其難上加難，能否由聰明轉入糊塗，便成了大智與大愚的分水嶺。

呂蒙正在宋太宗、宋真宗時三次任宰相。他為人處世有一個特點：不喜歡把人家的過失記在心裡。他剛任宰相不久，上朝時，有一個官員在簾子後面指著他對別人說：「這個無名小卒也配當宰相嗎？」呂蒙正假裝沒有聽見，就走了過去。

有些官員為呂蒙正感到憤憤不平，要求查問這個人的名字和擔任什麼官職，呂蒙正急忙阻止了他們。退朝以後，有個官員的心情還是平靜不下來，後悔當時沒有及時查問清楚。呂蒙正卻對他說：「一旦知道了他的姓名，那麼我可能一輩子都忘不掉。寧可糊塗一點，不去查問他，這對我有什麼損失呢？」

北宋名相富弼年輕時，曾遇到過這樣一件事，有人告訴他：「某某罵你。」富弼說：「恐怕是罵別人吧。」這人又說：「叫著你的名字罵的，怎麼是罵別人呢？」富弼說：「恐怕是罵與我同名字的人吧。」後來，那位罵他的人，聽

到此事後，自己慚愧得不得了。明明被人罵卻認為與自己毫無關係，並使對手自動「投降」，這可說是「糊塗術」之極致了。富弼後來能當上宰相，恐怕與他這種高超的「形圓」處世藝術很有關係。

　　糊塗之理正是一種隨方就圓、遊刃有餘的人生智慧。水自漂流雲自閒，花自零落樹自眠。於狹窄處，退一步，糊塗一事，得一人生寬境；遇崎嶇時，讓三分，糊塗一時，開一人生坦途。於是，糊塗成了人生的潤滑劑，智者抽身來，抽身去，出世、入世，均通達無礙了。

　　糊塗是一種大智，縱目可及三千里，才能忍得閒氣小辱，才能食苦若飴，從中得到滋養；糊塗是一種大智，能容納天地，才能不為利急，不為名躁，左右逢源，進退有據；糊塗是一種大智，是一種能看破世事，也能看破自己的大智。給自己一個假面，又不怕丟失自己。

　　西方有位智者說，如果大街上有人罵他，他連頭都不會回，因為他根本不想知道罵他的人是誰。因為人生如此短暫和寶貴，要做的事情太多，何必為這種令人不愉快的事情浪費時間呢？這位智者的「糊塗功」的確修練得頗有城府了，知道該做什麼和不該做什麼；知道什麼事情應該認真，什麼事情可以不屑一顧。要真正做到這一點是很不容易的，需要經過長期的磨練。如果我們明確知道了哪些事情可以不認真，可以敷衍了事，我們就能騰出更多的時間和精力，全力以赴認真去做該做的事，這樣我們成功的機會和希望就會大大增加；與此同時，由於我們變得寬宏大量，人們也會樂於和我們來往，我們的人脈就會更加健康順暢，事業亦伴隨他人的幫忙與扶持穩步走向成功。在享受友情、親情的同時，體會成功的快樂，實乃人生的一大幸事。

第三章　態度決定你的出路

　　拿破崙・希爾（Napoleon Hill）說過：世界上所有的計畫、目標和成就，都是經過思考後的產物。你的思考能力，是你唯一能完全控制的東西，你可以用智慧或愚蠢的方式運用你的思想，但無論你如何運用它，它都會顯示出一定的力量。

　　戰國時候，齊威王和將軍田忌經常賽馬。他們每人都有上、中、下三等馬，比賽的時候各自從自己的三等馬裡分別挑出一匹來比賽。田忌身為將軍，其馬的每個檔次當然要比貴為大王的齊威王略遜一籌，所以他一連輸了好幾次。這天，齊王又約田忌賽馬。田忌很苦惱，覺得自己又要輸了。

　　這時候，田忌手下的門客孫臏對他說：「將軍，我有辦法讓你不輸。」對著將信將疑的田忌，孫臏耳語幾句。田忌聽了，連連點頭，臉上也露出了微笑。

　　又一場比賽開始了。齊王先派出自己的上等馬，孫臏要田忌先出下等馬，齊王當然很輕易的贏了第一場；第二場，齊王派出中等馬，這次田忌聽從孫臏的建議，派出了自己的上等馬，經過激烈的比賽後，田忌的馬贏了；最後一場，齊王剩下的下等馬和田忌的中等馬比賽，還是田忌獲勝。

　　這樣三場比賽下來，田忌贏了兩場輸了一場，以 2 比 1 取勝。田忌的馬不如齊王的，卻不得不與齊王比賽。在這種情形下，田忌無疑是陷入了一個困境：明知會敗但不得不做。孫臏的計謀讓田忌從困境中抽身而出，反敗為勝，全在於一個「智」字。

　　要突破困境，「智取」最為重要。俗話說：兩軍相逢勇者勝，兩肋相逢智者勝。身處困境，一味蠻幹勇鬥，有時候不僅於事無補，反而會讓自己在困境中越發被動。

　　IBM 公司的創始人托馬斯・華生（Thomas J. Watson）有一句一字名言──「THINK」（想）。這個一字箴言至今還被許多 IBM 高級管理人員用刻上金屬板、放在辦公桌上，作為座右銘時刻提醒自己勤於用腦。

　　華特森年輕時，曾在 NCR 公司當推銷員。他努力用腳去跑，用嘴去說，但是業績一度很差。處於職業發展困境中的華特森，慢慢體會出推銷除了靠腳和嘴外，還得靠腦。意識到這一點，他開始仔細規劃自己的推銷方案，並不斷總結自己推銷過程的成敗得失。很快，華特森就成為了 NCR 的推銷能手。這就是「THINK」的由來。

透視人生困境的形態

對於人生困境，並非如某些勵志書上聲稱的「只要有勇氣與決心就沒有闖不過去的關」。事實上，我們在應對困境時，還需要尊重客觀現實。在現實中，人生的困境大致可以分為如下三種形態。

自我的困境

對於要求過高的人來說，他們每時每刻都會處於困境當中。吃要山珍海味、穿要綾羅綢緞、住要花園洋房、坐要名貴轎車、妻要國色天香、兒要聰明伶俐、財要富可敵國……想想看，這樣的高標準在普天之下有幾人能夠達到？毫無疑問，在追求這些的過程中，必定是到處碰壁，心為形役，苦不堪言。

有些人以爭取高水準為榮，強迫自己努力達到一個可望而不可及的目標，並且完全用成就來衡量自己的價值。結果，他們便變得極度害怕失敗。他們感到自己時時刻刻都在受到鞭策，同時又對自己已取得的成就不滿意。

一個剛出校門不到兩年的年輕人，他覺得自己的生活簡直一無是處：「連一棟房子也沒有，害得我連女朋友都不敢交！」他也不想想：像他這種剛出校門的年輕人，有幾人擁有自己的房子。再說，找女朋友和房子之間的關係真的有那麼密切嗎？我們可以想像，這樣的人即使擁有了房子與女友，也會認為自己身處不幸之中：房子不夠大、女友不夠漂亮……這種人一輩子都生活在困境當中，除非他懂得從「高標準」的心態中走出來。

這類存在於人心中的困境，其實是虛擬的困境。你本來就未身處困境，只是你自認為身處其中而已。

激勵型困境

人在躍過一道壕溝時，總會下意識後退幾步，給自己一個卯足勁的準備動作，然後奔跑，衝刺，起跳，完成跨越。這類困境就有這樣的作用。它告

訴我們，我們正面臨著人生的一個騰飛跨越，因此必須停下來，做好充分的心理準備，集結自己全部的能量，然後蓄勢而發實現一次人生飛躍。面對這樣的困境，我們所要做的就是認真對待它，而不要懼怕它，運用我們全部的智慧去迎接它。許多偉人正是看到了這類困境後的巨大成功，他們不遺餘力去戰勝這樣的困境，並且最終贏得了人生。

保護型困境

由於人們思考和能力的局限性，我們常常會走上錯誤的歧途，這時，亮著紅燈的困境就是一種警示，使我們意識到前面的危險，回到正確的道路上去。比如，臭氧層的破壞導致太自然對人類產生了報復，從而使我們意識到生態平衡的重要意義。於是，我們開始治理環境消除汙染，大力實施環保措施，以使我們能夠在一個和諧的環境裡健康生存。有時，身體的疾病，夫妻不和，朋友間的疏遠，也是一種這樣的困境，讓我們反思自己，是不是自己在追求一種與自己的真愛相違背的東西，我們是不是正在做一件損人又害己的事情。對於這樣的困境，我們必須認真接受它給予我們的警示，不能一意孤行；否則，最終不僅不能成功，還會導致自己的慘敗，甚至還會連累家人和朋友以及所有愛我們的人。所以，我們也可以稱這一類困境為保護性困境。

上述三種困境的形態，最難做到的是如何準確區分。讀者朋友們不妨在身陷困境當中時經常思考比對，一旦找到自己所面臨的困境的形態，突破困境就成功一半了。

做一個理性的思考者

有理智的思考源自於精神的正確使用。對於身處困境中的人來說，最需要的是能夠讓頭腦做出最大限度的運轉，藉著正確的判斷做出高明的決定。

每一位成功者，都具有理性的思考或有條理的思想訣竅。但這並不表示他們講話的技巧或方式高人一等，而是有更為根本的東西存在，也就是說，

他們掌握了理性的思考訣竅。理性的思考源自於知識的積累和正確應用，具有這種思考技巧的人，才能讓他的大腦最大限度運轉，並得到理想的結果。

一個人若想突破困境，就必須學會正確的理性思考。

首先，思想有條理的人，必能正確判斷，從而做出高明的決定。例如在一個複雜的問題面前，你若能排除無關的事物，直搗問題的核心，你就有可能攻克問題。

其次，一個思想有條理的人，能以簡明的方法，使別人更了解自己。不論是什麼樣的機遇，一旦需要展現自己才能的時候，他們必能以清晰的思緒言簡意賅傳達給大家，並能很快付之於行動，因此也必然會獲得良好的效果。尤其在現代的社會競爭裡，能有效表達自己的意思的人，成功的機會一定更多。

每個人都有可能把自己訓練成為一名理性思考者。雖然學會正確思考的過程是相當複雜的，但它基本上可分成三個階段。若能仔細研究這些步驟，判斷力必能獲得相當的改善。

找出問題核心

朋友小趙在最近一年中被家庭入不敷出的問題搞得焦頭爛額。他在一家化工儀表公司做業務員，妻子從他們結婚後一直是全職家庭主婦，生活上可以算是小康水準，不至於陷入財務困境。但他們在財務危機面前的應對措施失當，致使他們在財務困境中越陷越深。

困境的緣由是他們一年前新添了一個小寶寶，寶寶的身體一直不太好，大病倒是沒有，小病卻是不斷。小趙一家的月收入，拿一半繳房貸後，餘額幾乎全花在小孩身上。就這樣，他們家庭第一次出現了財務危機。

陷入財務危機的夫妻倆，首先想到的當然是借錢度過難關。但借錢只能解決燃眉之急，於是他們又想到要節省開支。在孩子滿一百天後，他們把聘請的保姆辭退，這樣每月可以節省一些保姆的薪資支出。辭了保姆之後，小

趙下班後要做很多家務事，上班時也常常需要請假幫妻子帶小孩去兒童醫院 —— 而這些事，原本都是保姆可以做的。

小趙夫妻很希望能迅速擺脫財務危機，但事與願違，自從辭退保姆後，小趙因為將大量的精力與時間花在家庭事務上，結果薪水收入一個月比一個月少 —— 他的收入主要來自於業務獎金。一年之後，滿了週歲的孩子身體強壯了很多，基本上不生病了，但小趙此時的月收入連原本的一半都不到了。他們在經濟危機的困境中越陷越深。

小趙這時才如夢初醒，非常後悔當時用辭退保姆的方式來應對財務危機。他光想到「節流」，卻沒有想到自己「節」了小「流」，誤了大「流」，因為節省了每月請保姆的小錢，把自己的收入也「節」掉了一大半！

小趙在身處財務困境中，並沒有找出問題的核心，導致因小失大，結果在困境中越陷越深。舉一個簡單的例子，如果有人因為靴子磨腳，不去找鞋匠而去看醫生，這就是不會處理問題，沒有找到問題的關鍵所在。從這裡我們就可以理解，為什麼去掉枝節、直搗核心是最重要的步驟了，否則，問題的本身和影子會扭成一團而理不清楚。有了問題時，就該想想這個例子，一定要掌握住問題的核心。能夠找出問題的核心，並簡潔的歸納總結出來，困境就已解決一大半了。

還是回到我們前述的例子。小趙當時若將解決財務困境的重心放在「開源」而不是靠辭退保姆的簡單「節流」上，努力工作，爭取更多的收入 ——或者與以往持平，其財務上的困境都不會演變到後來那麼糟糕。

分析整體情況

一個一等兵開著一輛有帆布頂篷的卡車，在行軍時不慎受困於一個深深的泥坑。

正在一等兵拚命發動都無法脫離泥坑時，一隊轎車從右邊駛過。看到這輛陷入困境的卡車，車隊立即停下來，一位身著紅色飾帶的將軍從 8 輛汽車

的頭一輛中走了出來,讓一等兵過去。

「遇到麻煩了?」

「是的,將軍先生。」

「車被困住了?」

「陷在泥坑裡,將軍先生。」

這位將軍仔細觀察了一下,這時,他想起新頒發的一項命令,要求官兵之間加強戰友情誼,於是,他決定身體力行,為大家做個榜樣。

「注意了!」他拍拍手用命令的口氣高聲叫喊著,「全體下車!軍官先生們過來!我們讓一等兵先生的卡車重新跑起來!幹活吧,先生們!」

從 8 輛汽車裡鑽出整整一個司令部的軍官、少校、上尉,一個個穿著整潔的軍服。他們與將軍一起埋頭苦幹起來,又推又拉,又扛又抬。就這樣花了十幾分鐘,卡車才從泥坑中出來停在道上準備上路。

我們可以想像當這些軍官穿著滿是泥汙的軍服鑽進汽車時,他們的樣子是何等的狼狽,而他們在心裡又是多麼怨恨這道命令。將軍最後一個上車,在上車之前他洋洋自得的走到一等兵面前。

「對我們還滿意嗎?」

「是的,將軍先生!」

「讓我看看,您在車上裝了些什麼?」

將軍拉開篷布,他驚訝的看到,在車廂裡坐著整整 18 個年輕健壯的一等兵。

面臨困境,很多人都喜歡跟著感覺走,並不願花精力去了解更多與之相關的事實,結果不是花了大力氣辦了小事情,就是把事情越弄越糟。

在了解到真正的問題核心後,就要設法收集相關的資料和資訊,然後進行深入的研討和比較。應該以科學家做研究那樣審慎的態度去做。解決問題必須採用合理的方法,做判斷或做決定都必須以事實為基礎,同時,從各個角度來分析辨明事理也是必不可少的。

一旦相關資料都齊備後，要做出正確的決定就容易多了。收集相關資料，對於理性思考的產生是非常重要的。

謹慎做出決定

在做完比較和判斷之後，很多人往往馬上就能做出結論。其實，下結論不必過早，如果形勢允許，試著花一天的時間把它丟在一邊，暫時忘掉。或許，新的判斷或決定就會浮上心頭，等重新面對問題時，答案已經出現了。

人對事物的認知總會受時間、空間的局限，而我們面對的是變化、運動中的世界，因此，我們經常會遇到因考慮不周、魯莽行動而造成損失的情況，所以我們遇事要「三思而後行」。要知道，許多衝突和問題的產生，都是衝動、未經深思熟慮的結果。

衝動情緒往往是由於對事物及其利弊關係缺乏周密思考引起的，在遇到與自己的主觀意向發生衝突的事情時，若能先冷靜想一想，不倉促行事，就不會衝動起來，事情的結果也就會大不同了。

石達開是太平天國首批「封王」中最年輕的軍事將領，在太平天國金田起義之後向金陵進軍的途中，石達開均為開路先鋒，他逢山開路，遇水搭橋，攻城奪鎮，所向披靡，號稱「石敢當」。太平天國建都天京後，他與楊秀清、韋昌輝等人同為洪秀全的重要輔臣。後來又在西征戰場上，大敗湘軍，使曾國藩又氣又羞又急，差點投水尋死。在「天京事變」中，他又幫洪秀全平定韋昌輝的叛亂，成為洪秀全的首輔大臣。

但是，就在這之後不久，石達開卻獨自率領20萬大軍離開天京，與洪秀全分開，最後在大渡河全軍覆滅，他本人亦慘遭清軍駱秉章淩遲。石達開出走和失敗的歷史是魯莽行動的展現，足以使後人深思。

西元1857年6月2日，石達開率軍由天京雨花臺向安慶進軍，出走的原因據石達開的布告中說，因「聖君」不明，即責怪洪秀全用頻繁的詔旨，來牽制他的行動，並對他「重重生疑慮」，以致演變到有加害石達開之意，這就使二人之間的衝突白熱化了。

　　而當時要解決這一日益尖銳的衝突有三種辦法可行：一種辦法是石達開委曲求全，這在當時已不可能，心胸狹窄的洪秀全已不能對石達開有所寬容；一種是急流勇退，解印棄官來消除洪秀全對他的疑惑，這也很難，當時形勢已近水火，如石達開真要解職的話，恐怕連性命都難保；第三種是誅洪自代。謀士張遂謀曾經提醒石達開吸取劉邦誅韓信的教訓，面對險境，應該推翻洪秀全的統治，自立為王。

　　按當時的實際情況看，第三種辦法應該是較好的出路，因為形勢的發展，實際上洪秀全那樣相形見絀的領袖已被摒棄，需要一個像石達開那樣的新的領袖來維繫。但是，石達開的弱點就是傳統的「忠君思想」，他講仁慈、信義，對謀士的回答是「予惟知效忠天王，守其臣節」。

　　因此，石達開認為率部隊出走是其最佳方案。這樣既可打著太平天國的旗號，進行從事推翻清朝的活動，又可避開和洪秀全的衝突。而石達開率大軍到安慶後，如果按照原來「分而不裂」的初衷，本可以此作為根據地，向周圍擴充。安慶離南京不遠，還可以互為聲援，減輕清軍對天京的壓力，又不會失去石達開原在天京軍民心目中的地位。這是石達開完全可以做到的。但是，石達開卻沒有這樣做，而是決心和洪秀全分道揚鑣，澈底分裂，捨近而求遠，獨自去四川自立門戶。

　　歷史證明這一決策完全錯了，石達開雖擁有 20 萬大軍，英勇決戰江西、浙江、福建等 12 個省，歷時 7 年，表現了高度的堅韌性，但最後仍免不了一敗塗地。

　　1863 年 6 月 2 日，石達開部被清軍圍困在利濟堡，石達開決定用自己一人之生命換取部隊的安全，這又是他的決策失誤。當軍中部屬知道主帥「決降」時，已潰不成軍了。此時，清軍又採取措施，把石達開及其部屬押送過河，而把他和 2,000 多解甲的戰士分開。這一舉動，頓使石達開猛然醒悟，他意識到詐降計拙，暗自悔恨。

回顧石達開的失敗，主要是個人決策的失誤，他不自量力的行動，決定了他出走後不可能有什麼太大的作為。

當我們在做決定時，常會犯一個老毛病，就是「自不量力」做一些吃力不討好，甚至「賠了夫人又折兵」的事情。因此，在面臨決定時，首先，應先問問自己做這個決定到底是為了什麼？有什麼目的？如果做此決定會產生何種後果？這樣能促使你三思而後行，避免衝動。

其次，要鍛鍊自制力，盡力做到處變不驚、寬以待人，不要遇到衝突就以「兵戎相見」，像個「易燃品」，見火就著。倘若你是個「急性子」，更應學會自我控制，遇事時要學會變「熱處理」為「冷處理」，考慮過各個選項的利弊得失後再作決定。

突破困境需要自省

「為什麼受傷的總是我？我到底做錯了什麼？」——每一個身處困境中的人，都應該在腦海中多問自己幾個為什麼。

困境之所以纏上了自己，大部分的根源在於自己。比如說做生意受了騙，根源在於自己的輕信；比如考研究所失利，根源在於自己學業不夠精進⋯⋯治病要找到病源方能對症下藥，突破困境也需要透過自省找到導致困境的根源，方能找到突破的途徑。

自省也就是指自我反省，透過自我反省，人可以了解、認知自己的思想、意識、情緒與態度。一個人如果不懂自省，他就看不見自己的問題，更不會有自救的想法。

從來不犯錯的人是沒有的，從來不犯過去曾犯過的錯誤的人也不多見。暫且不論是不是重複過去曾犯過的錯誤，光是這種經常反省的精神就也是十分可貴的。

宋朝文學家蘇軾寫過一篇〈河豚魚說〉，說的是河裡的一條豚魚，游到一座橋下，撞到橋墩上。牠不責怪自己不小心，也不打算繞過橋墩遊過去，反

而生起氣來，氣橋墩撞了牠。牠氣得張開兩鰓，脹起肚子，漂浮在水面，很長時間一動不動。後來，一隻老鷹發現了牠，一把抓起了牠，轉眼間，這條河豚就成了老鷹的美餐。

這條河豚，自己不小心撞上了橋墩，卻不知道反省自己，不去改正自己的錯誤，反而對別人生氣，一錯再錯，結果丟了自己的性命，實在是自尋死路。

那以，人應該從什麼角度反省自己呢？

孔子的弟子曾子關於自省有一段著名的論述：「吾一日而三省吾身，為人謀而不忠乎？與朋友交而不信乎？傳不習乎？」曾子告訴我們，每天要三省，從三個方面去檢查自己的想法和言行：

一是反省謀事情況，即對自己所承擔的工作是否忠於職守；

二是反省自己與朋友交往是否信守諾言；

三是反省自己是否知行一致，即是否把學到的知識身體力行。

總之，要透過自省從思考意識、情感態度、言論行動等各個方面去深入了解自己、剖析自己。

自省可以改變一個人的命運和機緣，它在任何人身上都會很有效用：因為自省所帶來的不只是智慧，更是夜以繼日的精進態度和前所未有的幹勁。

有了自省，才能自己解剖自己，把身上的灰塵抖落在地，還一個乾淨、清潔的自我。

有了自省，就有了人生的柵欄。既不會被迷霧誘惑，也不會被香風薰倒。

有了自省，才能去偽存真，化暫為智，並不斷使自己思想昇華，情操淨化。

有了自省，我們才會自醒，繼而自立與自強！

朋友們，學會自省吧！它是你人生旅途中的一盞指路明燈！

吃一塹，長一智

　　吃一塹，長一智。一敗再敗從中不斷吸取教訓，總結經驗的人，又怎能不智慧過人呢？難怪許多成功的人士都曾承受過成百次上千次的失敗，他們利用失敗教育自己，結果才能成為舉世聞名的聰明人！

　　有許多古語都包含了這個道理，如老馬識途，正因為老馬走過無數的路，經過無數的坎坷，牠才能在每次坎坷之上留下心底的記號，下一次再在此經過，牠便可以一躍而過！

　　古代有一個故事，在一片深山老林裡，有一座「神仙居」位於山頂。一天，有一個年輕人從很遠的地方來求見「神仙居」居主，想拜他為師，修得正果。年輕人進了深山老林，走啊走，走了很久。他遇到了困難，路的前方有三條岔路通向不同的地方。年輕人不知道哪一條山路通向山頂。忽然，年輕人看見路旁邊有一個老人在睡覺，於是他走上前去，叫醒老人家，詢問通向山頂的路。老人睡眼朦朧，嘟嚷了一句「左邊」又睡著了。年輕人便從左邊那條小路往山頂走去。走了很久，路的前方突然消失在一片樹林中，年輕人只好原路返回。回到三岔路口，那老人家還在睡覺。年輕人又上前問路。老人家舒舒服服伸了個懶腰，說：「左邊。」就又不理他了。年輕人正要細問，見老人家轉過頭去不理他了。轉念一想，也許老人家講的「左邊」是從下山角度而言。於是，他又選了右邊那條路往山上走去。走啊走，走了很久，眼前的路又漸漸消失了，只有一片樹林。年輕人只好原路折返，回到三岔路口，見老人家又睡著了，不由得氣湧上來。他上前推了推老人家，把他叫醒，便問道：「老人家你一把年紀了何苦來騙我，左邊的路我走了，右邊的路我也走了，都不能通向山頂，到底哪條路可以去山頂？」老人家笑眯眯的回答：「左邊的路不通，右邊的路不通，那你說哪條路通呢？這麼簡單的問題還用問嗎？」年輕人這時才意會過來，應該走中間那條路。但他總想不明白老人家為什麼總說「左邊」，帶著一肚子的疑惑，年輕人來到了「神仙居」。他虔誠跪

下磕頭，居主笑眯眯的看著他，那神態彷彿山下三岔路口那老人家，年輕人使勁揉了揉眼睛……。

你肯定已經猜到那老人家就是居主變的，但這故事裡包含著幾個人生道理，一是年輕人走完左邊的路和右邊的路之後，都失敗了，無疑應是中間那條路通向山頂，他連這都不明白，要去問老人家，經老人家點破才明白過來，說明人經過失敗後，受情緒影響（比如憤怒），連很簡單的問題，只要一轉變思緒就很容易想出的問題卻被自己弄糊塗了；二是只有走過左邊和右邊的路走之後，才知道這兩條路都不通山頂，說明凡事要自己親身去經歷才知道可行不可行；三是，年輕人在走過右邊和左邊的路之後，知道走不通他就不會再第二次走那兩條路了，說明人不會輕易犯同樣的錯誤，他已經向正確的方向邁進了一步。

你想到了幾點呢？不管你想到幾點，至少你明白了錯了之後你不會再犯同樣的錯，這就是失敗的好處！

別因為失敗傷心，也不要為錯誤而內疚。你希望成功，但事與願違，這並非罪過；如果明知故犯，就罪無可赦了！明知錯還去做，如果不是愚蠢，便是跟正義開玩笑，是不道德的行為。不僅是值得鼓勵，而且應該受到適當的懲戒。心理學家認為故意犯錯的人，愧疚感會多於滿足感。

然而，人非聖賢，孰能無過？只要不是存心做錯事，偶爾犯錯，是可以原諒，也不必受良心譴責。無心之過，不但不會受到懲罰，還可以從過錯中獲得教訓，從犯錯的經驗中，變得聰明起來！

明代紹興名人徐渭有一副對聯：「讀不如行，使廢讀，將何以行；蹶方長知，然屢蹶，詎云能知。」這副對聯，合理的闡述了理論與實踐、失誤與經驗的辯證關係。上聯是說實踐出真知，理論指導行動。下聯「蹶方長知」，蹶是指摔倒，不能摔倒後一蹶不振，而應「吃一塹，長一智」。有人認為「吃一塹」與「長一智」之間存在必然性，那就錯了。不是說吃一塹就一定能長一智，而是吃一塹有可能長一智。這種可能性要轉變為必然性，必須要有一個

條件，那就是要從失誤中總結教訓，積累經驗，這樣才能長智。如果錯後不思考，那麼同樣的錯誤還會不斷重複出現。這就是「然屢蹶，詎云能知」的精闢之處。

一個人遭受一次挫折或失敗，就該接受一次教訓，增長一分才智，這就是成語「吃一塹，長一智」的道理之所在。

從前，有個農夫牽了一隻山羊，騎著一頭驢進城去趕集。有三個騙子知道了，想去騙他。

第一個騙子趁農夫騎在驢背上打瞌睡之際，把山羊脖子上的鈴鐺解下來繫在驢尾巴上，把山羊牽走了。不久，農夫一回頭，發現山羊不見了，急忙尋找。這時第二個騙子走過來，熱心的問他在找什麼。

農夫說山羊被人偷了，問他有沒有看見。騙子隨便一指，說看見一個人牽著一隻山羊從林子中剛走過去，一定是那個人，快去追吧！

農夫急著去追山羊，把驢子交由這位「好心人」看管。等他兩手空空回來時，驢子與「好心人」自然都沒了蹤影。

農夫傷心極了，一邊走一邊哭。當他來到一個水池邊時，卻發現一個人也坐在水池邊，哭得比他還傷心。農夫感到奇怪：還有比我更倒楣的人嗎？就問那個人哭什麼，那人告訴農夫，他帶著兩袋金幣要去城裡買東西，在水邊歇歇腳、洗把臉，卻不小心把袋子掉進水裡了。農夫說，那你趕快下去撈呀！那人說自己不會游泳，如果農夫幫他撈上來，他願意送他 20 個金幣。

農夫一聽喜出望外，心想：這下子可好了，羊和驢子雖然丟了，但是拿到 20 個金幣，損失全補回來，還有餘啊！他連忙脫光衣服跳下水開始撈。當他空著手從水裡爬上來時，乾糧也不見了，僅剩下的一點錢還裝在衣服口袋裡呢！

這個故事告訴我們，農夫沒出事時缺乏警覺心，出現意外後驚惶失措而造成損失，造成損失後又急於彌補因此又釀成大錯，三個騙子正是抓住農夫的性格弱點，輕而易舉全部得手。

應該說，人們在工作、生活中遭受類似的挫折和失敗是難以完全避免的，雖然「吃虧」終究不是什麼好事情，但如果吃了虧，還不長智，就是愚蠢至極了。

不要讓情緒牽著自己走

老鄭是一個極為情緒化的人。5年前，他與妻子離婚，至今孤身一人。單身的日子不好過，他時常借酒澆愁。每每提及往事，老鄭後悔不已。原來，老鄭只是因為當年賦閒在家，心情不好，與妻子之間出現口角之後，一怒之下與妻子離了婚。老鄭一直後悔當年不理智的行動，生活過得潦倒不堪。最近，他又因老闆的一句責備憤而辭職 —— 這是他退伍五年中的第十三次辭職了。老鄭過於情緒化的脾氣一日不改，他潦倒的日子一日都不會停歇。

在我們的日常生活中，常會遇到一些讓我們義憤填膺、怒氣難抑的事情，碰到這種事情的時候，作出正確選擇的關鍵是「保持理智」。所謂的保持理智，就是不要讓你的情緒來誤導你的選擇。人有七情六欲，就像人有五臟六腑一樣，是很自然的事，可是在做選擇的時刻，千萬不能被情緒牽著鼻子走，要發洩情緒可以回家關起門來一個人解決，不需要讓你的情緒再「害」你一次。

有些事其實並不難應付，要化解原本是件很簡單的事，偏偏有些人就是會把事情搞砸，原因不外乎就是情緒在作祟。一旦人的思考空間被情緒占滿了，就沒理性思考的空間了。沒有理性思考的空間，就會分不清什麼是正確，什麼是錯誤，因而造成自討苦吃的下場。

不少人總是會因為不順心的事情而大發脾氣或情緒低落消沉。東西不見時驚慌、謾罵；受到指責時憤憤不平；遭到侮辱時揮拳相向；遇到失戀時借酒消愁；屢遭失敗時灰心喪氣；遇到難題時捶胸頓足；被人冤枉時火冒三丈；身體不適時心煩氣躁……這似乎讓人覺得個人的情緒表現是由這些不順心的

事情直接決定的。但事實並非如此，只是因為人在成長的過程中形成了太多的思考模式，當受到「不順心」的環境事件的刺激時，人們總是下意識認為那是不好的事情，並進而將思考模式延伸到事件對未來的影響。而這種影響也往往是壞的，也就是說，人們總是會往壞的方面想，而無視事情正向的一面。所以，正是因為個人的看法、認知等內因對外部刺激形成固定的反應，才使得外因直接決定了個人情緒。

想要使自己不被情緒牽著走，就要能夠靈活調整內因對外因的固定反應。當外部刺激可能導致個人情緒、行為的惡性變化時，人的看法、認知要能夠主動自我調整，逆向思考，挖掘正面的要素，阻礙外部刺激對情緒、行為的不良作用，保持情緒的穩定、樂觀，以及行為的積極性、正常運作。這樣就能夠轉悲為喜、緩解衝突、抑制憤怒，使一個人心胸豁達、輕鬆愉快、處事冷靜。

一個用情緒來決定事情的人，往往看不清事情的真相。不經由大腦，完全以直覺反應，而情緒又因時、因地、因物而有所不同，那麼處理事情便沒有一個準則。如果自己能花點心思想一想再做決定，對於事情的結果，也就比較能掌握，不會事到臨頭乾著急。

要學習運用一些簡單的邏輯來做判斷，可以強迫自己在做決定前先給自己一分鐘的選擇時間。有些時候，情況緊迫，必須立刻下決定，也應該給自己 5 至 10 秒鐘的緩衝時間進行大致的判斷。

危機時刻要保持冷靜

困境之中，千萬不要因狂躁發怒而亂了方寸，臨危不亂、沉著冷靜，理智應對困境才是正道。冷靜觀察問題，在冷靜中尋找出解決問題的突破口。

一位空軍飛行員說：「第二次世界大戰期間，我獨自擔任戰鬥機的駕駛員。第一次任務是轟炸、掃射東京灣。從航空母艦起飛後一直保持高空飛行，然後再以俯衝的姿態滑落至目的地的上空執行任務。」

「然而，正當我以雷霆萬鈞的姿態俯衝時，飛機左翼被敵軍擊中，頓時翻過來，並急速下墜。」

「我發現海洋竟然在我的頭頂。你知道是什麼救我一命嗎？」

「我接受訓練期間，教官會一再叮嚀說，在緊急狀況中要沉著應對，切勿輕舉妄動。飛機下墜時我就只記得這麼一句話，因此，我什麼機器都沒有亂動，我只是靜靜的想，靜靜的等候把飛機拉起來的最佳時機和位置。最後，我果然幸運脫險了。假如我當時順著本能的求生反應，不等最佳時機就胡亂操作，必定會使飛機更快下墜而葬身大海。」他強調說，「一直到現在，我還記得教官那句話：『不要輕舉妄動而自亂陣腳；要冷靜判斷，抓住最佳的反應時機。』」

面對一件危急的事，出於本能，許多人都會作出驚慌失措的反應。然而，仔細想來，驚慌失措非但於事無補，反而會出許多亂子。試想，如果是兩方相爭的時候，對方就會乘危而攻，那豈不是雪上加霜嗎？

所以，在緊急時刻，臨危不亂，處變不驚，以強力的鎮靜，冷靜分析形勢，那才是明智之舉。

唐憲宗時期，有個中書令叫裴度。有一天，手下的人慌慌張張跑來向他報告說他的大印不見了。為官的人丟了大印，真是一件非同小可的事。可是裴度聽了報告之後一點也不驚慌，只是點頭表示知道了。然後，他告誡左右的人千萬不要張揚這件事。

左右之人看裴中書並不如他們想像的一樣驚慌失措，都感到疑惑不解，猜不透裴度心中是怎麼想的。而更使周圍的人吃驚的是，裴度就像完全忘了大印不見的事，當晚竟然在府中大宴賓客，和眾人飲酒取樂，十分逍遙自在。

就在酒至半酣時，有人發現大印又被放回原處了。左右手下又迫不及待向裴度報告這一喜訊。裴度依然滿不在乎，好像根本沒有發生過丟印之事一樣。那天晚上，宴飲十分暢快，直到盡興方才罷宴，然後各自安然歇息。

　　而後手下始終猜不透裴中書為什麼能如此成竹在胸，事後很久，裴度才向大家提到丟印當時的處置情況。他對左右說：「丟印的緣由想必是管印的官吏私自拿去用了，恰巧又被你們發現。這時如果大聲張揚，偷印的人擔心出事，驚慌之中必定會想要毀滅證據。如果他真的把印偷偷毀了，印又何從找起呢？而如今我們處之以緩，不表現出驚慌，這樣也不會讓偷印者感到驚慌，他就會在用過之後悄悄放回原處，而大印也失而復得。所以我就這樣做了。」

　　從人的心理而言，遇到突發事件，每個人都難免產生一種驚慌的情緒。問題是怎樣想辦法控制。

　　楚漢相爭的時候，有一次劉邦和項羽在兩軍陣前對話，劉邦歷數項羽的罪過。項羽大怒，命令暗中潛伏的弓弩手幾千人一齊向劉邦放箭，一枝箭正好射中劉邦的胸口，傷勢嚴重，痛得他伏下身體。主將受傷，群龍無首。若楚軍趁人心浮動發起進攻，漢軍必然全軍潰敗。猛然間，劉邦突然變得鎮定，他巧施妙計：馬上用手按住自己的腳，大聲喊道：「碰巧被你們射中了！幸好傷在腳趾，並沒有重傷。」軍士們聽了頓時穩定下來，終於抵擋住了楚軍的進攻。

　　西晉時，河間王司馬顒、成都王司馬穎起兵討伐洛陽的齊王司馬冏。司馬冏看到二王的兵馬從東西兩面夾攻京城，非常驚慌，趕緊召集文武群臣商議對策。

　　尚書令王戎說：「現在二王大軍有百萬之眾，來勢凶猛，恐怕難以抵擋，不如暫時讓出大權，以王的身分回到封地去，這是保全之計。」王戎的話剛說完，齊王的一個心腹怒氣沖沖吼道：「身為尚書理當共同誅伐，怎能讓大王回到封地去呢？從漢魏以來王侯返國有幾個能保全性命的？持這種主張的人就應該殺頭！」

　　王戎一看大禍臨頭，突然說：「老臣剛才服了點寒食散，現在藥性發作要上廁所。」說罷便急匆匆走到廁所，故意一腳跌了下去，弄得滿身屎尿臭不

可聞。齊王和眾臣看後都捂住鼻子大笑不止。王戎便借機溜掉，免去了一場大禍。

正因為王戎很有冷靜的頭腦，才在危急之下身免一死。這無疑是給後人的啟示：遇事要沉著冷靜，靜中生計以求萬全。

思緒一定要保持清晰

究竟怎樣才能有效發揮自己的強項並突破人生的困境呢？這就需要你面對各種複雜的問題時，做到頭腦清醒，思緒清晰。

在任何環境、任何情形下，都要保持一個清醒的頭腦，要保持正確的判斷力。在別人失去冷靜、手足無措時，你仍保持清醒鎮靜；在旁人做著可笑的事情時，你仍然保持正確的判斷力，能夠這樣做的人才是真正的傑出人才。

一個一遇到意外便手足無措、易於慌亂的人，必定是個思考尚未成熟的人，這種人不足以交付重任。只有遇到意外情況鎮定不慌、處變不驚的人，才能擔當起大事。

在很多機構中，常見某位能力平平、業績也不出眾的職員，卻擔任著重要的職位，他的同事們往往會感到驚訝。但他們不知道，領導者在選擇重要職位的人選時，並不只是考慮職員的才能，更要考慮到頭腦是否清晰、性情是否敦厚和判斷力是否準確。企業的穩步發展，全靠職員的辦事鎮定和具有良好的判斷能力。

一個頭腦冷靜、思緒清晰的偉大人物，不會因處境的改變而有所動搖。經濟上的損失、事業上的失敗、環境的艱難困苦都不會使他失去常態，因為他是頭腦冷靜、信仰堅定的人。同樣的，事業上的繁榮與成功，也不會使他驕傲輕狂，因為他安身立命的基礎是牢固的。

在任何情況下，做事之前都應該有所準備，要腳踏實地、未雨綢繆，否則，一旦困難臨頭，就會開始感到慌亂。當大家都慌亂，而你能保持鎮定，

這就會給予你極大的力量，你就具有很大的優勢。在整個社會中，只有那些處事鎮定，無論遇到什麼風浪都不慌亂的人，才能應付大事，成就大事。而那些情緒不穩、時常動搖、缺乏自信、一遇到危機便掉頭就走、一遇到困難就失去主意的人，只能一輩子過著庸庸碌碌的生活。

　　海洋中的冰山，在任何情形之下都不為狂暴的風浪所傾覆，乃是我們應該學習的絕佳榜樣。無論風浪多麼狂暴，波濤多麼洶湧，那矗立在海洋中的冰山，仍然能巍然不動，好像從來沒有被波浪撞擊一樣。這是為什麼呢？原來冰山龐大體積的 7/8 都隱藏在海面之下，穩當、扎實的扎根在海水中，這樣就無法被水面上波濤的撞擊力所撼動。冰山在水底既然有巨大的體積，當狂暴的風浪去撞擊水面上的冰山一角時，冰山絲毫不動也就不足為奇了。

　　一個人平穩與鎮定的表現是他的思想和修養發展良好的結果。一個思想偏激、頭腦片面發展的人，即使在某個方面有著特殊的才能，也總不如完善的思想修養更全面。頭腦的片面發展，猶如一棵樹的養分全被某一條樹枝吸去，那條樹枝固然發育得很好，但樹的其餘部分卻萎縮了。

　　許多才華洋溢的人也曾做出種種不可理喻的事情來，這可能是因為他們的判斷力較差，缺乏完整、平穩的思想修養的緣故，而這都妨礙了他們一生的前程。

　　一個人一旦有了頭腦不清楚、判斷力不佳的惡名，那麼往往一生事業都會沒有進展，因為他無法贏得其他人的信任。

　　如果你想做個能得到他人信任的人，要讓別人認為你的頭腦清晰，判斷準確，那麼你一定要努力做到每件小事都冷靜對待，處理得當。有些人做事時，尤其是做一些瑣碎的小事時，往往敷衍了事，本來可以做得好一點，可是他們卻隨隨便便，這樣無異於減少他們成為冷靜處事之人的可能性。還有些人一旦遇到了困難，往往不加以周密判斷，而是只圖方便草率了事，使事情不能得到圓滿的解決。

　　如果你能時常強迫自己去做你認為應該做的事情，並且竭盡全力去做，

不受制於自己貪圖安逸的惰性，那麼你的品格與判斷力，必定會大大提高。而你自然也會被人們所承認，成為被人們稱為「思緒清晰、判斷準確」的人。

將注意力聚焦在一點

有些人常常懶得思考，或者說沒有進行有突破性的思考，這就叫慣性思考。一個要試圖突破困境的人，在這一點上頭腦應該非常清醒，拒絕慣性思考。

世上有很多人常常認為自己缺乏思考能力。這些人到底為什麼會這麼討厭思考呢？

他們討厭思考、不喜歡作決定的理由之一，就是因為他們必須聚精會神去想如何解決問題。而解決問題就要涉及各方面的關係和因素，這對一般人來說，是一件很「累」的事，因為它就像調動千軍萬馬一樣複雜。

注意力很容易被新奇事物分散。我們要將心思集中在解決問題的核心上卻相當的困難，大多數人在頃刻間便讓注意力偏離了問題的核心。

當我們在作判斷時，整個心思必須停留在特定的問題上。當然你也必須了解，事實上，一個人的心思無法完全集中在整個問題上，所以我們的思考過程經常容易受到外界的影響。

因此，我們在思考某一問題時，應該將相關因素全部寫出來。

當我們拿出紙筆之際，應該要能全面了解正在進行的事態。我們之所以對自己該決定的問題不能作出決定的理由之一，就是深怕一旦實行了自己所作的決定，會慘遭失敗。這個恐懼心理正是讓我們遲疑不決的重要因素。一旦拿起紙筆，正視事情的存在，我們這種恐懼的心理就會自然消失。當我們消除了恐懼之後，對於自己的決定也就不再存在疑惑了。

現實的恐怖，並不如想像的恐怖來得可怕。面對恐怖，越是了解其真面目，就越不會感覺到它的恐怖之處。

要如何決定才是正確的呢？如果連自己也不知道的話，不妨試著將可以

衡量的相關因素全部寫出來。以一位準備「跳槽」的先生為例，試著將各種相關因素全部列出。

- ・如果轉任新職的話，每年可增加 1 萬元的收入。
- ・我在原公司工作 10 年的資歷勢必要被犧牲。
- ・我的年終獎金恐怕也就沒了。
- ・新公司的工作環境較好。
- ・新公司的工作感覺較辛苦。
- ・現在我的工作能力已到了目前薪水的上限。
- ・我已 40 歲了，並不想去冒很大的風險。
- ・我不想碰運氣。
- ・我喜歡認真工作的人，對於新公司的人際關係我並不是很了解。
- ・新公司是成長性更為長遠的公司。

　　將這些必須考慮的因素列出來，比其他任何方法更能幫助你作出明智的決定。這個技巧可以確實提供你一個思考和判斷的新基礎。

　　只憑著空想而期望能作出正確的思考結果是非常困難的，但只要將解決問題的想法寫在紙上，便會很容易集中精神作出正確的思考。

　　因此，我們應將注意力集中於第一目標上。在找出第一目標之後，應清楚寫在一張明信片大小的紙上，然後把它貼在自己容易看見的地方，譬如洗臉臺旁、梳妝檯鏡子上等，甚至每天在睡覺前或起床後，便對著它大聲念一遍。也可利用腦中有空閒的時候，來思考如何解決這件事情，並常常想像自己成功時的情景以鼓勵自己。

　　如此持續一段時間之後，相信你會越來越感覺到自己正在走向目標的途中。但必須注意，這種方法肯定需要經過一段時間後才會顯示出它的成效，如果只做一兩天，是不可能有什麼效果的。此外，必須以積極的態度從事這種強化期望強度的方法，否則就沒有意義了，而且任何一絲消極的意念都有

可能使它前功盡棄。若想要經常維持強烈的願望，信心是不可或缺的靈丹妙藥。但話又說回來了，靈丹妙藥服下之後，也還是需要一段時間才能遍布全身。

經過一段時間之後，透過你的思考，卡片上的文字會逐漸產生變化 ──原本困難的問題已經轉變成清晰的、解決問題的思考方向，這便奠定了你突破人生困境的基礎。

透過逆向思考尋求突破

有一位大企業集團的董事長，他覺得自己年紀太大了，想把位子交給年輕人，可是又不知道該交給哪一個人才好。於是他就想出了一個辦法。有一天，他把公司的總經理和副總經理兩個人叫到辦公室來，說明他想退休的想法，打算從他們兩人之中選一個來接替他的位子。為了公平起見，他就出一個考題來考考他們，誰能在最短的時間內說出最好的答案，就是下一任的董事長。

於是，老董事長出了個題目：如果你們兩個人都有一匹馬，兩匹馬要賽跑，然而，比賽重點卻不在比快，只要誰的馬最慢跑到終點，誰就贏了。請問你們該怎麼做？

總經理聽完之後馬上舉手說道：「這很簡單，我會盡量拉住自己的馬，不讓它前進。」

董事長聽了搖搖頭嘆口氣，這時副總經理卻說：「我會騎上對方的馬，快馬加鞭到達終點！」

這個出人意料的妙答，讓副總經理順利當上下一任董事長。

在很多年前的一次歐洲籃球錦標賽上，保加利亞隊與捷克斯洛伐克隊相遇。當比賽只剩下 8 秒鐘時，保加利亞隊以 2 分優勢領先，且擁有發球權，這場比賽對保加利亞隊來說已穩操勝券，但是，那次錦標賽採用的是循環淘

汰制，保加利亞隊必須贏 6 分才能取勝。但要用僅剩下的 8 秒鐘再贏 4 分絕非易事。怎麼辦？

這時，保加利亞隊的教練突然請求暫停。當時許多人認為保加利亞隊被淘汰是不可避免的，該隊教練即使有回天之力，也很難力挽狂瀾。然而等到暫停結束比賽繼續進行時，球場上出現了一件令眾人意想不到的事情：只見保加利亞隊拿球的隊員突然運球向自己籃下跑去，並迅速起跳投籃，球應聲入網。這時，全場觀眾目瞪口呆，全場比賽結束的時間到了。當裁判宣布雙方打成平局需要加時賽時，大家才恍然大悟：保加利亞隊這一出人意料之舉，為自己創造了一次起死回生的機會。加時賽的結果是保加利亞隊贏了 6 分，如願以償出線了。

如果保加利亞隊堅持以常理打完全場比賽，是絕對無法獲得真正的勝利的，而往自家籃下投球這一招，頗有以退為進之妙。在一般情況下，按常規辦事並沒錯，但是，當常規無法適應已經變化的新情況時，就應該放開思緒，打破常規，善於創新，另闢蹊徑。只有這樣，才可能化腐朽為神奇，在看似絕望的困境中尋找到希望，創造出新的生機，取得出人意料的勝利。

當我們在生活中遇到走到路的盡頭，無路可走的情況時，回過頭來，繞道而行便可以找到一條新路了，所以世上並沒有絕路。而我們之所以會覺得面對「絕路」，那是因為我們自己把路走絕了，或者說我們的思考狹隘，缺乏創新的意識。

換個角度想問題

麥克是一家大公司的高級主管，他面臨一個兩難的問題，一方面，他非常喜歡自己的工作，他很喜歡工作帶來的豐厚薪水 —— 他的公司保證他的薪水只增不減。但是，另一方面，他非常討厭他的上司，經過多年的忍耐，最近他發覺自己已經到了忍無可忍的地步了。在經過慎重思考之後，他決定去人力公司重新找一個別的公司高級主管的職位。人力公司告訴他，以他的條

件，再找一個類似的職位並不費力。

回到家中，麥克把這一切告訴了他的妻子。他的妻子是一名教師，那天正在教學生如何重新界定問題，也就是把你正在面對的問題換一個面考慮。把正在面對的問題完全顛倒過來看——不僅要跟你以往看這問題的角度不同，也要和其他人看這問題的角度不同。她講述上課的內容給麥克聽，這為麥克帶來很大的啟示，一個大膽的創意在他腦中浮現。

第二天，他又來到人力公司，這次他是請公司替他的上司找工作。不久，他的上司接到了人力公司打來的電話，請他去別的公司高就。儘管他完全不知道這是他的下屬和人力公司共同努力的結果，但正好這位上司對於自己現在的工作也厭倦了，所以沒有考慮多久，他就接受了這份新工作。

這件事最美妙的一點，就在於上司因為接受了新的工作，他目前的職位空出來了。麥克申請了這個職位，於是他就坐上了以前他上司的位置。

這是一個真實的故事，在這個故事中，麥克本意是想替自己找個新工作，以遠離自己討厭的上司。但他的太太教他換個角度想問題，就是替他的上司、而不是他自己找一份新的工作，結果，他不僅仍然做著自己喜歡的工作，而且擺脫了令自己心煩的上司，還得到了意外的升遷。

在現實生活中，當你身處困境時，也不妨換一換視角，也許答案就會豁然開朗了。

有時你需要快刀斬亂麻

古波斯的老國王想選一個接替者。一天，他拿出一根打著結的繩子當眾宣布：解開此結者繼承王位。應試者眾多，但誰也解不開。一個青年上前看了看，發現那是根本無法解開的死結，他不去解，而是拿刀去剁，刀落結開，眾人驚嘆不已。老國王讓人們去解解不開的結，其用意顯然是考驗應試者的機智。這個青年的思考方式超出眾人之處，就在於他不是費力去解，而是想如何使之「開」。用刀去剁，不只表現了智慧，而且表現了膽識。這個故

事告訴我們：面臨難解的死結時，有勇無謀不行，多謀寡斷也不行，要想避免當斷不斷帶來的危害，我們需要快刀斬亂麻式的決斷，就好像你原來置身在一個嘈雜混亂的場所，忽然有人把電源一關，一切都在瞬間歸於寧靜，使你立刻覺得神清氣爽。你發現，原來剛才的一番混亂只是一種幻覺，而你那認為不可終日的煩惱也頓消全無。關於一件事情的對與錯、是與非，不能當機立斷是很危險的。你認為有價值的、對自己有利的，就要當機立斷。你認為不符合自己利益的就乾脆不做。不論做任何事情，只要認為應該做的就去做。如果有一天不想做了，就立刻退出或另謀出路。做任何事情，優柔寡斷總是會吃虧。何況世界上根本不存在什麼絕對的正確與絕對的錯誤。

　　有一名電腦博士，曾說影響他一生最重要的教訓發生在他 6 歲之時。有一天，他外出玩耍。路經一棵大樹的時候，突然有什麼東西掉在他的頭上，他伸手一抓，原來是個鳥巢。他怕鳥糞弄髒了衣服，於是趕緊用手撥開。鳥巢掉在了地上，從裡面滾出了一隻嗷嗷待哺的小麻雀，他很喜歡，決定把它帶回去養，於是連鳥巢一起帶回了家。他回到家，走到門口，忽然想起媽媽不準他在家裡養小動物。所以，他輕輕把小麻雀放在門後，急忙走進室內，請求媽媽的允許。在他的苦苦哀求下，媽媽破例答應了兒子的請求。他興奮的跑到門後，不料，小麻雀已經不見了，一隻黑貓正在那裡意猶未盡的擦拭著嘴巴。他為此傷心了好久。從這件事，這名博士學到了很重要的一課：只要是自己認為對的事情，絕不可優柔寡斷，必須馬上付諸行動。

拿出「捨卒保車」的勇氣

　　在美國緬因州，有一個伐木工人叫巴尼‧羅伯格。一天，他獨自一人開車到很遠的地方去伐木。一棵被他用電鋸鋸斷的大樹倒下時，被對面的大樹彈了回來。羅伯格站在他不該站的地方，躲閃不及，右腿被沉重的樹幹死死壓住，頓時血流不止。

　　面對自己伐木生涯中從未遇到過的失敗和災難，羅伯格的第一個反應就

是：「我該怎麼辦？」他認知到這樣一個嚴酷的現實：周圍幾十里沒有村莊和居民，10小時以內不會有人來救他，他會因為流血過多而死亡。他不能等待，必須自己救自己 ── 他用盡全身力氣抽腿，可是怎麼也抽不出來。他摸到身邊的斧頭，開始砍樹。因為用力過猛，才砍了三四下，斧柄就斷了。

羅伯格真覺得沒有希望了，不禁嘆了一口氣。但他克制住了痛苦和失望。他向四周看了看，發現在不遠的地方，放著他的電鋸。他用斷了的斧柄把電鋸鉤到身邊，想用電鋸將壓著腿的樹幹鋸掉。可是，他很快發現樹幹是斜著的，如果鋸樹，樹幹就會把鋸條死死夾住，根本拉動不了。看來，死亡是不可避免了。

在羅伯格幾乎絕望的時候，他想到了另一條路，那就是 ── 把自己被壓住的大腿鋸掉！

這似乎是唯一可以保住性命的辦法！羅伯格當機立斷，毅然決然拿起電鋸鋸斷了被壓著的大腿，並迅速爬回卡車，將自己送到小鎮的醫院。他用難以想像的決心和勇氣，成功拯救了自己！

生活中的困境千變萬化，而人們又往往會採取習慣性的措施和辦法 ── 或以緊急救火的方式補救，或以被動補漏的辦法延緩，或以收拾殘局的方式清理……雖然這些都是處於困境中有效的化解手段，但在形勢危急而又不可避免的險境之下，我們要學會「捨卒保車」。

一位哲學家的女兒靠自己的努力成為聞名遐邇的服裝設計師，她的成功得益於父親那段富有哲理的告誡。父親對她說：「人生免不了失敗。失敗降臨時，最好的辦法是阻止它、克服它、扭轉它，但多數情況下常常無濟於事。那麼，你就換一種思考方式和智慧，設法讓失敗改道，變大失敗為小失敗，在失敗中找到成功。」是的，失敗恰似一條飛流直下的瀑布，看上去湍湍急瀉、不可阻擋，實際上卻可以憑藉人們的智慧和勇氣，讓其改變方向，朝著人們期待的目標潺潺而流。就像巴尼‧羅伯格，當他清楚用自己的力氣已經不能抽出腿，也無法用電鋸鋸掉樹幹時，便毅然將腿鋸掉。雖然這只能說是

一種失敗，卻避免了任其發展下去會導致的更大失敗，捨卒保車，終於贏得了寶貴的生命。相對於死亡而言，這又何嘗不是一種成功和勝利呢？

通往勝利的路不止一條

當諾貝爾（Alfred Nobel）研究出威力強大的矽藻土炸藥時，有人認為他是在為武器商提供殺人利器。因此，他的工廠門前經常有人舉著牌子抗議和示威。

然而，更麻煩的事情是當時落後的生產技術。在火藥生產過程中，諾貝爾工廠發生過多次爆炸事件，導致許多人死於非命，其中包括諾貝爾的弟弟。諾貝爾本人也負傷累累。市民們不能容忍一座危險的火藥庫安放在城市之間，紛紛向市政府請願，要求關閉諾貝爾工廠。市政府順從民意，強令諾貝爾工廠遷出城外。

無奈之下，諾貝爾決定將工廠整體搬遷。但是，要搬到哪裡去呢？這座城市周圍是大片水域，陸地面積很小，任何一個居民都不會接受一座會爆炸的工廠。看來只有遷往人煙稀少的偏遠山區才不會有人反對，但昂貴的運輸費用卻使諾貝爾難以承受。以當時的技術條件，也很難保證在長途搬運過程中不會發生爆炸事故。

怎麼辦？諾貝爾陷入進退兩難的困境。

有人勸諾貝爾乾脆別做了。世上值得去做的事業多著呢，何必一定要做這種吃虧不討好的買賣？但諾貝爾卻不是一個輕言放棄的人，無論付出多大代價，也要將自己鍾愛的事業進行到底。他想，工廠搬遷，需要滿足人煙稀少、費用節省、運輸安全三個條件，而這三個條件卻是相互矛盾的。他冥思苦想，終於想到一個主意：將工廠建在城外的水面上。在那個年代，這的確是一個異想天開的構想，卻是能同時滿足上述三個條件的唯一辦法。

以當時的技術條件，在水面建廠的難度太高。諾貝爾的做法是：以一條大駁船做平臺，將工廠比較不安全的部分，如生產廠房、火藥倉庫建在上面，用長長的鐵鍊繫在岸上；將工廠其餘部分建在岸上。一道大難題就這樣解決了。

突破困境通往成功的路不止一條。當我們感到迷惘的時候，當我們猶豫不決的時候，我們是否能這樣想想：這一事物的正面是這樣，假如反過來，又會怎樣呢？正面攻不了，能否從側面攻、後面攻？

世上只有難做的事，卻沒有不可能的事。凡事都有解決辦法。當常規的方法行不通時，打破固定的思考模式，難題也許就會迎刃而解。

大路車多走小路

一位乘客上了計程車，並說出了自己的目的地。司機問：「先生，是走最短的路，還是走最快的路？」乘客不解：「最短的路，難道不是最快的路嗎？」司機回答：「當然不是。現在是上班尖峰時段，最短的路交通擁擠，弄不好還會塞車，所以用的時間肯定更長。你要是有急事，不妨繞一點路，多走些路，反而會早到。」

生活中有很多時候我們會遇到類似的困境，雖然條條大路通羅馬，但最快的路不一定是最短的路，到達目的地最短的路可能會因某種原因使我們浪費更多的時間。

林肯曾經說過：「我從來不為自己定下永遠適用的政策。我只是在每一個具體時刻努力做最合乎情況的事情。」英國大科學家、電話的發明者貝爾（Alexander Graham Bell）說：「不要常常走人人去走的大路，有時另闢蹊徑前往樹林深處，那裡會讓你發現你從來沒有見過的東西和景色。」

西元 1980 年代，德國賓士車受到日本大量優質低價車的衝擊，經營逐漸變得困難。怎麼辦？世界上最早的一輛汽車就叫賓士，難道它已經老態龍鍾，不再適應社會而不能繼續奔馳下去了？

賓士的掌門人艾薩德‧路透絕不會容許賓士車在自己的手裡拋錨。這個雄心勃勃的德國人，為賓士車選擇了一種與眾不同的道路。他保證這條與眾不同的道路，將會令賓士車再次迅速而又平穩的奔馳起來。

路透為賓士車選擇的是一條高價路線：「賓士車將以高於其他車一倍的價格出售。」路透似乎早已下定了決心，他知道如果設法提高賓士車的品質，以優質為基礎的高價格必能為消費者帶來無上的尊貴感、滿足感。

為了激勵全體員工共同實現新的目標，路透覺得有必要親自到工廠和檢測場去身體力行一番。他當然知道這種逆風而行的一步如果成功，將為賓士公司帶來多麼高的榮譽，但他更清楚這一步一旦失足會有多麼大的損失。他必須鼓起所有的勇氣走好這一步險棋。

路透和他所率領的公司永遠都不願意做個像恐龍那樣無法適應變化的角色。在賓士600型高級轎車問世之前，路透便對他的技術專家們說：「我最近想出了一個很優秀的汽車廣告詞，當然是為我們賓士想的。這則廣告詞是：『當這種賓士轎車行駛的時候，最大的噪音來自於車內的電子鐘。』我預計把這種賓士車定價為17萬馬克。」專家們當然明白總裁的意思，卻仍不免大吃一驚：17萬馬克，買普通轎車可以買好多輛啊！

也許是總裁的表現感動了那些專家，他們廢寢忘食的工作，以驚人的速度成功把新型優質賓士轎車獻給了艾薩德‧路透。路透宣布將賓士轎車的價格提高一倍。這個命令不僅讓整個德國震驚，更是讓全世界的汽車工業驚惶不已。

路透的願望很快變成了現實，聞名世界的高級豪華型轎車賓士600問世了，它成了賓士轎車家族中最高級的車型，其內部的豪華裝飾，外部的美觀造型，無與倫比的品質都莫不令人嘆為觀止。很快，各國的政府首腦、王公貴族以及知名人士都競相選擇賓士600作為自己的交通工具，因為，擁有它不僅僅是財富的象徵。

現在，賓士汽車公司已是德國汽車製造業的主宰，也是世界商用汽車的最大跨國製造企業之一，賓士汽車以優質高價著稱於世且歷時百年而不衰。

當其他企業大多走降低成本、降低商品價格的道路來達到增加競爭能力的目的時，賓士公司卻走了一條小路。這不得不算是為很多人帶來某種啟示。

當很多人在往同一條大路上擠的時候，只要你擁有足夠的謀略、實力和信心，另謀小路而取之，也許會到得更快、更輕鬆。

直路不通走彎路

如果把一隻蜻蜓放在一個房間裡飛，牠會拚命飛向玻璃窗，但每次都撞到玻璃上，在上面掙扎好久恢復神志後，牠會在房間裡繞上一圈，然後仍然朝玻璃窗上飛去，當然，它還是「碰壁而回」。

其實，旁邊的門是開著的，只因那邊看起來沒有這邊亮，所以蜻蜓根本就不會朝門那裡飛。追求光明是多數生物的天性，牠們不管遭受怎樣的失敗或挫折，總還是堅決尋求光明的方向。而當我們看見碰壁而回的蜻蜓的時候，應該從中領悟這樣一個道理：有時，我們為了達到目的，選擇一個看來較為遙遠、較為無望的方向反而會更快如願以償；相反的，走直路則會永遠在嘗試與失敗之間兜圈子。

百折不回的精神雖然可嘉，但如果看見目標，而面前卻是一片陡峭的山壁，沒有可以攀登的路徑時，我們最好是換一個方向，繞道而行。為了達到目標，暫時走一走與理想相背而馳的路，有時正是智慧的表現。

魯迅先生曾說過：「其實地上本沒有路，走的人多了，也便成了路。」而世間之路又有千千萬萬，綜而觀之，不外乎兩類：直路和彎路。

毫無疑問，人們都願意走直路，沐浴著和煦的微風，踏著輕快的步伐，踩著平坦的路面，這無疑是一種享受。相反的，沒有人樂意去走彎路，在一般人眼裡彎路曲折艱險而又浪費時間。然而，人生的旅程中是彎路居多，

山路彎彎，水路彎彎，人生之路亦彎彎，所以喜歡走直路的人要學會繞道而行。

　　學會繞道而行，迂迴前進，適用於生活中的許多領域。比如當你用一種方法思考一個問題或從事一件事情，遇到思考的方向被堵塞之時，不妨另用他法，換個角度去思索，換種方法去重做，也許你就會茅塞頓開，豁然開朗，有種「山重水複疑無路，柳暗花明又一村」的感覺。

　　繞道而行，並不意味著你面對人生的困難而退卻，也並不意味著放棄，而是在審時度勢。繞道而行，不僅是一種生活方法，更是一種豁達和樂觀的生活態度和理念。大路車多走小路，小路人多爬山坡，以豁達的心態面對生活，勇於並善於走自己的路，這樣你就永遠不會是一個失敗者，而是一個開拓創新者。

第四章　衝破職場桎梏

　　曾在網路論壇上看到一則名為《新辦公室守則》的打油詩，全文如下：

> 苦幹實幹，做給天看；東混西混，一帆風順。
> 任勞任怨，永難如願；會捧會現，傑出貢獻。
> 負責盡職，必遭指難；推託栽贓，宏圖大展。
> 全力以赴，升遷耽誤；會鑽會溜，考績特優。
> 頻頻建功，打入冷宮；互踢皮球，前途加油。
> 奉公守法，做牛做馬；逢迎拍馬，升官發達。

　　貼文讓不少人看了「大快人心」。沒錯，從某種角度講，上班難免會受點委屈，看上司臉色也是必然的事情。但除了洩點恨之外，打油詩所寫的未必都是實情。在過去的某些地方，也許真的有「少做少錯，多做多錯」的現象，但是在現在很多公司都必須講究效率，要自負盈虧，因此，只靠推諉責任拍馬升官的人畢竟有限。

　　偷偷發洩一下沒關係，但如果你一味認為這個世界上會出頭的都是混蛋，只拿憤世嫉俗來取代反省自己的機會，那麼就會在自己編織的困境中毀了前程。

「薪情」不佳，薪水該漲了吧

　　柴米油鹽等生活必需品一漲再漲，房價就像氫氣球一樣只升不跌……唯獨自己的薪水漲幅不大。在私人企業的上班族心裡就會有很多怨言了：為什麼別的同行公司的同種職位，薪水要比我高？為什麼同事加薪了五百，而我只加了三百？為什麼……。

　　「薪情」不佳時，我們該怎麼辦？是騎驢找馬，還是找老闆談判，或者乾脆忍受？

　　當人們談論工作究竟是為什麼的時候，可能有很多不同的回答；但是，誰都不能否認我們是為利益而工作，例如金錢、福利、職務、榮譽等等，否則就顯得太虛偽了。在當今社會中，我們說為利益而工作是正大光明的。

　　不會爭利，通常有兩種情形：一種是不敢爭利，甚至連自己應該得到的也不敢開口向老闆提要求，怕在老闆心裡造成不良印象，大有「君子不言利」

的味道；一種是過分爭利，利不分大小，有則爭之，結果常常跟在老闆屁股後喋喋不休談價格，要好處，把老闆追得煩不勝煩。其實這兩者都是不會爭利的，爭利也有技巧問題。

在一個工作群體中，在利益面前，不要逆來順受，也不要過分謙讓，應該大膽向上司要求自己應該得到的。

做好本職工作是分內的事，要求自己應該得到的東西也是合情合理的，付出越多，應該得到的就越多。

只要你能為老闆做出成果，向老闆要求你應該得到的利益，他也會滿心歡喜。若你無所作為，不管在利益面前表現得多麼「老實」，老闆也不會欣賞你。

有的人認為向老闆要求利益，就一定要與老闆發生衝突，為自己找麻煩，影響兩者的關係，什麼都不敢提，結果常常是一事無成。

實際上，從管理的藝術上來說，善於控制下屬的老闆也善於將手中的利益作為籠絡人心、激勵下屬的一種手段。由此可見，下屬要求利益與老闆掌握利益是一個積極有效的、處理上下級關係的互動手段。

要知道，一個有價值的員工，一個有成就的員工，為自己爭取利益是理所應當的。

怎樣成功爭取加薪

任何人都希望自己的加薪要求通過，但是怎麼說服老闆達到這個要求呢，那需要講究一定的策略。

知己知彼

要先清楚自己的價值和市場行情，在談判中你就會占有主動權。當老闆問你要求的薪資數字時，回答得過高和過低都會影響你在老闆面前的說服力，因為透過這件事，老闆就能夠明白你是否做過調查。

不經過調查就沒有發言權，如此一來，主動權就掌握在老闆的手中了，你提出的加薪問題最多只是一個「自以為是」的問題。

其次，還要提出加薪的理由。透過與其他相同類型公司的分析對比，透過你的工作量，透過你所負責的工作，透過你的能力表現，透過你與其他人的對比，透過經濟效益等，使你的理由更充分、到位。

加薪的理由中影響最大的一項是：公司的付出與你的產出之比。加薪理由中最充分的一點是：你的職權的擴大，意思是具有較大的發展潛力，是公司需要透過加薪將你留住的一個因素。良好的人際關係和工作關係是每個公司都需要的，你如果經常有調和劑的作用，也是加薪的理由之一。

還有，弄清楚誰能夠真正決定你的薪水。這樣可以利用間接關係或直接關係來進行聯絡而更容易獲得通過。

提出加薪，特別是第一次，對每個人來說都是非常困難的，因為你要赤裸裸的談錢。這確實難以適應，我們習慣了被施捨的生活，而無法自己去爭取更好的生活。一定要改變這種觀念，命運是掌握在自己手中的，要樹立自信心，認知到自己創造的價值，應該得到更多的回報。

一旦請求加薪的要求沒有得到批准，千萬不要氣餒，既要尋找自己的原因，是不是自己真的就只值這麼多錢了，還要考慮是不是自己的策略有問題，是不是自己做事情沒有被發現或被真正了解。經過分析之後再採取行動，最乾脆的辦法就是跳槽走人，尋找自己真正的價值。

巧用比較

透過比較的辦法，借用其他地方的標準，來促使老闆答應自己的加薪要求，是一種比較容易被接受的方式。

我有一個朋友，在一家公司做業務主管，他認為自己的薪水有點偏低。可是看到其他的同事向老闆提出加薪，大多沒有被批准，因此他採取了一個策略。

利用到外地出差的機會，他到一家公司應徵了工作，那家公司答應以每月 5 萬元的薪水僱用。回到公司以後，他也沒有直接去找上司談，而是有意無意向他的同事透露這件事。結果，過沒幾天，老闆找上他，宣布要把他的薪水調升到每月 5 萬元。

其實他根本沒有跳槽的打算，他應徵只是為了讓上司能夠心甘情願替他加薪。若不這樣做，他的加薪請求恐怕也會遭到和其他同事一樣的命運。

透過這種方法為自己加薪，在職場中有很多類似的例子。老闆不是不知道你的價值，只是含糊其詞，不願意多付出那筆錢而已，在很多的公司中都有這樣的情形。當他們知道可能失去一個成熟的員工時，就會採取加薪的辦法來挽留人才。

跳槽，把自己推向市場，看自己究竟「值」多少錢。

是否所有的跳槽都會滿足你加薪的要求呢，答案是否定的。因為當你辭職時，許多不確定因素就會擺在你的面前，比如暫時失去了經濟來源，你原本確定的公司忽然不想再要人等，諸如此類的問題會接踵而來。

在跳槽之後幾個月的時間內，你會一直不停忙碌著，這也是靈活就業的一種特點，一旦你不再能適應這種生活，你的價值也會下降。

跳槽之前，應該首先弄清楚自己有沒有掌握獲得更高的薪水，還要了解你的適應能力有多強，做各種比較之後，確定到底怎麼做才是最划算的。當你跳槽時，就義無反顧向前衝。

升不上去，爭還是不爭

眼看著和自己一起進公司的人一個又一個隨著公司的發展，走上了公司提供的更大的舞臺，擔起了更重的擔子，當然也有了更加豐厚的薪水，三十歲的吳濤再也坐不住了。而立之年的男人，誰不渴望「當官」呢？

　　幾天前，吳濤得知本部門的經理將要調去分公司開拓市場。公司高層有意在部門裡提拔一個人補經理的缺。升遷的機會來了，各種小道消息在部門裡蔓延。在面臨這樣的機會時，要不要主動找上司反映自己的願望，提出自己的要求呢？這是吳濤為之而苦惱的事情。因為，如果他不去提出要求，很可能就會失去機會；而如果他去要求，又擔心上司會認為自己過於自私，爭名奪利，究竟該怎麼辦呢？

　　其實，實事求是向上司反映意見，提出自己的願望和要求，絕不屬於自私和爭利的範疇，而是十分正當的。在平等的機會面前，我們每個人都有權力去取得自己應該得到的東西。而且，身為上司來說，由於時間和精力的有限性，他不可能完全了解每個人的情況，有時也可能會被一些表面現象蒙蔽，以至於犯片面性的錯誤。既然如此，我們自己為什麼不可以主動幫助上司了解情況，以便他做出更為公允和明智的決定呢？相反的，如果你不去反映意見，就只能失去這次機會了。

　　然而，這時也應該注意一個問題。眾所周知，每一次的晉級名額通常是非常有限的，僧多粥少，不可能人人有份。在這種情況下，你在向上司主動提出要求之前最好事先做一番評估，看看這次的預估人數究竟是多少，並就部門的各個人選做一番排列分析。如果自己的條件很有可能入選，或者有一定的機會、但需要競爭，如此一來，你便可以、而且應該去向上司提出要求。如果排列下來的結果顯示自己的希望十分渺茫，那麼，趁早自己放棄。因為在這種情況下，你再如何主動要求，實現的可能性也是很小的，而且上司會認為你太過分，不明智，你不如韜光養晦，苦心修練。

亮出自己的招牌

　　我的一個朋友向我訴苦，說自己在一個大公司裡待了 6 年，卻一直默默無聞，既無大功也沒大過，因此一直得不到提拔。他認為自己有一肚子的才學卻得不到施展，為此很是苦惱。「這分明是命運與我作對嘛！一些比我晚

進公司的人都升了官，唯獨我……」朋友憤憤不平。

逆境既是一種挑戰，又是一種機會。

馮諼本來是一個貧窮人士，他勤學上進，雖粗茶淡飯，但其學識遠近聞名，而其家中經常沒有隔夜之米，吃了上頓沒有下頓，受貧窮所迫，他只得託人將自己推薦給孟嘗君做門客，一開始時先被安排在三等的地方居住。

幾天之後，孟嘗君問管家：「新來的馮先生是否習慣了生活？」管家說：「他很無聊，每天撫劍自唱，哀嘆我們供應的食物太差，連魚都沒有。」孟嘗君聽了之後將馮諼搬到二等房。

又過幾天，孟嘗君又問馮諼的情況，管家說馮諼仍撫劍自唱，哀嘆出門沒有車坐。於是孟嘗君又將他搬到頭等房，從此出門可以享受坐車的待遇。

又過幾天，孟嘗君再問馮諼的反應，管家極為不滿的說：「他貪得無厭，得寸進尺，現在又說自己不能照顧、奉養老母。」於是孟嘗君又派人送金銀、食物給他母親，使馮諼安下心來。

「受人滴水之恩，當以湧泉相報」，「士為知己者死」，「知恩圖報」是古人的人生原則，馮諼後來表現出了非凡的才智和過人的膽識，挽救了瀕臨絕境的孟嘗君。

馮諼是積極進取的，不甘平凡，不甘平淡，使自己才盡其用，而比馮諼更積極，更勇於表現自己才能的是毛遂。

毛遂在越國丞相平原君門下過著平庸的食客生涯，三年來一直沒什麼表現。

一天，平原君要到楚國去求救兵，由於任務艱鉅，需要挑選 20 人同行，但左挑右選只有 19 個，始終缺少一位，此時毛遂自告奮勇，將自己推薦到平原君面前，平原君知道他寄居門下三年以來毫無作為，便說：「有才能的人好像錐子放在口袋裡，尖頭立刻刺破口袋而凸出來，你在這裡三年了，仍沒有特殊表現，還是留在家中算了。」

毛遂卻說：「從今天起，我才走入布袋之中，如果機遇早點到來，我早就脫穎而出了。」　平原君無可奈何，只能接納毛遂，湊足 20 個人，出使楚國，搬請救兵。結果全憑毛遂的力量，平原君才不辱使命。

馮諼、毛遂的成功都是在默默無聞的環境中，積極進取，有效掌握機會推銷自己，古人如此，處於現代社會的我們又該如何做呢？

借梯上樓

一個人要想獲得提拔，除了靠自己的努力奮鬥外，有時還要借助他人的力量。因此，找個引薦者不失為一條實現自我願望的好途徑。一般來說，引薦者的名望越大、地位越高，對你的成功越有幫助；他就是令你扶搖直上的「好風」，他的威信和影響對你都有用處。

單刀直入

求見掌管你升遷大權的人，點出擴大你的職權會使你為公司帶來更大的回報，告訴他，我是這個職位最合適的人。要做好他問「為什麼」的準備。在闡述你的「施政綱領」時，不要用「大概」、「可能」、「或許」之類的詞。你的態度要自信而不自負，恭敬而不諂媚。最後，你還可以告訴他，你的升遷能讓別人了解到，出色的工作能力是會得到獎賞的。要使他信服認可，你確實需要動一番腦筋，但是這種努力多半是不會白費的。

敲山震虎

最具有殺傷力的辦法是「敲山震虎」，跟你的老闆攤牌：「不讓我升遷我就走」。如果公司真的需要你，就不得不考慮重用你。不過，在使出這一招殺手鐧的時候，你可得有十足的心理準備，騎虎難下時，你可能真的隨時得走。敲山震虎、挾外自重常是很有效的方法，但也是很危險的牌。

你必須很清楚自己手上有什麼，知道上司要什麼才行。須知道，稍一不慎反而會吃大虧。此外，你跟上司攤牌的方式也大有講究。如果你當真大搖大擺走進老闆辦公室，直截了當的說：「你不替我加薪，我就走」。十之

八九，你只有走人一條途徑了。上司是不會輕易接受這種威脅的。你如果要打這張牌，還是採取比較婉轉的方式為宜。如暗示老闆，有公司對自己有意，或稍微發點牢騷，表示自己在這個職位做膩了，想換個職位……再看對方的反應如何。

如果升官的不是你

你覺得這次獲得升遷的機會很大，然而最終的結果，獲得升遷的不是你。這真是一個令人沮喪的結果。在和工作有關的挫折當中，該升遷而未獲得升遷，這種現象是很普遍的。經過打擊後，你需要一段時間才能痊癒。如果這樣的事降臨在你頭上，你該怎麼辦呢？

一旦消息得到證實，就去向新升任的人道賀。別談那些無關緊要的閒話，要談將來。因為將來你有可能成為這位幸運者的下屬，所以最好盡快跟他建立新關係。

等你公開向對方道賀後，再回到自己的辦公室閉門深思。如果你發現情緒正在大起大落之中，這實際上對你正在經歷的痛苦是具有治療作用的。美國西北大學管理研究所教授康明斯由研究發現，一個在升遷中受挫的人的反應，由幾項關鍵因素控制：

- 你有沒有預料到會遭受挫折？如果已經料到，也許就不至於那麼痛苦；如果是出乎你的意料，就要問「為什麼」，是不是公司給了你錯誤的資訊，或者主管把你忘了？
- 在你的事業和生命中，你目前處於哪個位置？重點不在年紀大小，而在於你有多少其他的選擇。如果你有別的發展 ── 不管是調到別的部門、提早退休或另謀高就，你就不會覺得全無指望。
- 你認為是什麼原因使你該升而未升？是你自己還是環境使然？如果你認為是自己工作不力而未獲升遷，你當然會更痛苦。

．家人、朋友是否支持你？假如你不能對配偶或其他人提及你的痛苦，你將變得更加憂鬱。

希望越大，打擊越大。你應該弄清楚這次打擊對你的事業到底有多大的傷害。要盡可能找出答案 —— 為什麼他們用別人而不用你。重新評估最近的工作表現，也許你的主管一直傳達某些資訊給你，只是你沒有注意到。找公司裡的同事，請他們坦白告訴你，你的表現到底好不好，但別把話題局限在工作上，試著考慮別的可能性，也許失敗和工作表現無關，而是因為主管比較喜歡那個人。

在去找主管以前，先以公司利益為著眼點，擬好要說的話。例如：「我一直盡全力為公司工作，要怎樣才會做得更好？」在剛開始問問題時用點迂迴的技巧較好：「以您的眼光來看，您覺得做那個工作的人需具備什麼條件？誰來決定人選？」也許真正的決策者不是你的主管，而是比他階層更高的人。慢慢再把問題縮小到核心：「為什麼是那個人得到工作而不是我？」

這個問題不一定能得到真正的答案，萬一真正的理由錯綜複雜，你的主管可能會設法把他的選擇合理化，例如，吹噓你的對手擁有你缺乏的經驗，而那些經驗是工作上絕對需要的。

這時候，你可以提一些可能存在主管心中，但他不便主動提出的問題：「我的表現太差嗎，或者太自我？我有沒有做錯什麼事？」他會答：「喔，既然你提到這件事，我就順便說，以後你如何做會比較好。」最後，千萬別忘了問：「將來我得到升遷的機會有多大？」

參照你所得到的答案，開始擬定後續計畫，提醒自己針對長期目標來考慮，這次遭遇到底是無法挽救的失敗，還是一個小小的挫折。假如這已經是第二次，那麼你要深思，自己是否被「冷藏」了。

有一些人甚至建議，第一次遭「冷藏」時，要做辭職的打算，第二次再發生時，就真的該走了。你要考慮這家公司是不是很值得而且適合你待下去，

你有沒有得到公平的待遇，被升遷的人是否得到你的敬重，當你完全了解被升遷前應具備的那些因素後，還願意努力去爭取嗎？當然，別忘了自問：對我而言，所謂成功就是在公司中不斷往上爬嗎？你必須試著去了解，成功的形式絕不只一種。

要達到這個境界並不容易，因為想在競爭中脫穎而出、得到升遷的欲望深植人心，所以遭到失敗的痛楚才會那麼強烈。

工作難以勝任，安靜離開還是勇敢留下來

曉菲是透過好朋友進入公司的，剛進入公司時在項目部門中做職員。因為朋友在公司擔任高階職位，曉菲對自己的前途非常樂觀。果然，一年之內她就連續升遷，直至坐上專案部門經理的位子，完全負責專案部門的運作。

曉菲雖然在項目部門工作了一年，有了一些工作經驗與心得。但對於擔當如此大任還是準備不足。從被宣布升為經理的那一天起，曉菲就沒睡過好覺。不僅研究自己所做的東西，也時刻關注同行，她發現自己突然多出很多需要學習的東西。這是她在做職員的時候沒有感受到的。

也許對於大多數人來說，這是一個灰姑娘變公主的故事，但灰姑娘在成為公主後，要適應宮廷的各種鬥爭、禮儀、規範與束縛，都是一個痛苦的過程。因此童話往往在灰姑娘變成了公主後就戛然停筆，否則童話會變得殘酷而不是美麗。就像我們故事中的曉菲，她常常覺得自己馬上或者已經撐不下去了，她甚至希望不要有這個機會，或者讓機會能來得晚一些。

覺得自己不能勝任工作的情況，常常發生在工作或職位的變化之初。覺得自己不能勝任工作的原因有很多：性格相左，能力不足，自信不足……。

如果性格使你無法勝任工作，最好是趁早放棄。有些職業對工作者的個性有所要求，比如溝通能力、說服與影響力，這些能力有時候是與生俱來的，後天很難補足，如果是由於天性而不能勝任，就沒有必要嘗試或堅持。

比如銷售員的工作，很多性格靦腆、不願與人交流的人就很難做下去。

如果是因為環境惡劣，或者個人能力、知識不夠，讓工作顯得難以承受，可以透過努力、進修或吃苦來彌補，就應該去堅持下去。

對於自信不足的人來說，你應該相信自己。給了你這個機會與舞臺，這至少證明了你有一定的能力，不要妄自菲薄。腳踏實地努力工作，一個又一個的成功將使你增添自信。

是否有必要嘗試自己不能勝任的工作

對於是否有必要嘗試自己不能勝任的工作，答案不是唯一的，這與不同工作的性質和求職者個人的情況密切相關。求職者的年齡不同，這個問題的答案也不同。

人在 35 歲以後進入了成熟期，這個時期不宜再輕易做出改變，即使不能勝任，也不要輕易放棄。因為這個年紀的人，改變的成本是很大的。再者，勝任與否是相對的，今年勝任的工作，明年可能就不勝任了，也要透過不斷的學習來彌補。

而對於面臨就業的大學生來說，就業的機會不多，要看自己所處的環境。如果沒有選擇，即使不太肯定自己是否勝任，也可以嘗試一下。在這個問題上，有個反面案例，按照彼得原理所說，在企業內部，一個人總是會被提拔到他不勝任的職位，所以總要面對不勝任。

如果覺得自己實在不勝任，也不要這山看著那山高。下了山再爬上另一座山，下一個機會要和現在有連續性，斷層太多就會浪費之前的積累。

大學生社會經驗少，對自己也缺乏了解，所以對於一項工作是否能勝任，很難準確判斷，所想的勝任或不勝任，都有誇大的成分。不同的職業有不同的竅門，每個人也有不同的特長，所以找好自己的方向很重要。即使嘗試失敗了，也不要在心裡留下陰影，要從失敗中學到東西。

以「勤」補能力的不足

能承認自己能力不足的人不會太多，大部分人都認為自己不是天才，至少也是個能幹的大將。能力不足不要怕，怕的是你不知道自己能力不足，怕的是你不懂得如何提高自己的能力。

所謂的「能力」包括了專業的知識、長遠的規劃以及處理問題的能力，這並不是三兩天就可培養起來的，但只要「勤」，就能有效提升你的能力。

「勤」就是勤學，在自己工作職位上，一刻也不放棄、一個機會也不放棄的學習。不但自修，也向有經驗的人請教。別人睡午覺，你學；別人去玩樂，你學；別人一天只有二十四小時，你卻是把一天當兩天用。這種密集的、不間斷的學習效果相當顯著。如果你本身能力已在一般人水準之上，學習能力又很強，那麼你的「勤」將使你很快的在團體中發出亮光，被人注意到。

有些「能力不足」的人是真的能力不足，也就是說，先天資質不如他人，學習能力也比別人差，這種人要和別人一較長短是很辛苦的。這種人首先應在平時的自我反省中認清自己的能力，不要自我膨脹，迷失了自己。如果認知到自己能力上的不足，那麼為了生存與發展，也只有「勤」能補救，若還每天痴心妄想，不要說一飛衝天，有時連個飯碗都保不住呢！

對能力真的不足的人來說，「勤」便是付出比別人多好幾倍的時間和精力來學習，不怕苦不怕難的學，兢兢業業的學，也只有這樣，才能成為龜兔賽跑中的勝利者。

其實「勤」並不只是為了補拙，在一個團體裡，「勤」的人始終會為自己帶來很多好處：

· **塑造敬業的形象**：當其他人渾水摸魚時，你的敬業精神會成為旁人眼中的焦點，認為你是值得敬佩的。

· **容易獲得別人諒解**：當做錯了事，一般人也不忍指責，總是會不忍的認為，已經那麼認真了，偶爾出點錯沒有什麼關係。

· **容易獲得上級的信任**：做上司的喜歡用勤奮的人，如果你的能力是真的不足，但因為勤，他還是會給予合適的機會。

幸福的人生不是安逸中的空想，而是跟蹌中的執著，重壓下的勇敢，逆境中的自信，艱苦中的勤勉和奮發，是在任何環境下都具備的自我適應、自我調節能力。

一味感嘆是懦弱的習慣，永遠搏擊才是奮鬥的性格。你可能因匆匆上路而來不及準備必要的「工具」 —— 知識、才幹、經驗；但只要你頑強走著，這些「工具」就會如期而至；只要你頑強走著，泥濘坎坷之路就是坦途，不毛之地也會開花結果……

一個普通的靈魂，在勤奮之火的鍛鍊下，同樣會發出奪目的光芒和巨大的熱量。

懷才不遇，去哪裡尋找伯樂

有「懷才不遇」感覺的人，一種是真有才能，只是機遇未到或沒有伯樂，只得屈就於草莽。另外一種「懷才不遇」的人根本是自我膨脹的庸才，他之所以無法受到重用，正是因為他的「無能」。但他並沒有意識到這個事實，反而認為自己懷才不遇，到處發牢騷、吐苦水。

不管你才幹如何出眾，你一定會碰上才能無法施展的時候。這時候就算你有「懷才不遇」的感覺，也最好不要表現出來，你越沉不住氣，別人越看輕你。

那麼難道就這樣一輩子「懷才不遇」下去嗎？也不必如此，有幾件事可以做：

· 先評估自己的能力，看是不是自己高估了自己。自己評估自己不客觀，你可以找朋友和較熟的同事替你分析，聽聽他們的意見。如果別人的評估比你的自我評估還低，那麼你要虛心接受。

· 檢討自己的能力為什麼無法施展，是沒有恰當的機會？是整體環境的限制？還是人為的阻礙？如果是機會問題，那只好繼續等待；如果是整體環境的限制，那只好辭職；如果是人為因素，那麼可以誠懇溝通，並想想是否有得罪人之處，如果是，就要想辦法疏通它。

· 考慮拿出其他專長；有時「懷才不遇」是因為用錯了專長，如果你有第二專長，那麼可以尋找機會去試試看，說不定能就此打開一條生路。

· 營造更和諧的人際關係，不要成為被別人躲避的對象，反而更應該以你的才幹協助其他的同事；但要記住，幫助別人切不可居功，否則會嚇跑你的同事。此外，謙虛客氣，廣結善緣，這將為你帶來意想不到的助力。

· 繼續強化你的才幹，當時機成熟時，你的才幹就會為你帶來耀眼的光芒！

最好不要有「懷才不遇」的感覺，因為這會成為你心理上的負擔。

「伯樂依賴症」可以休矣

我那麼有才華，為什麼沒有人賞識我？那個人比我差多了，為什麼他會得到上司的重用？我的伯樂在哪裡？

總有不少人哀嘆：「生不逢時」、「懷才不遇」、「大材小用」；總是抱怨「為什麼遇不到伯樂」、「為什麼總是時運不濟」，天天等著伯樂上門發現他。在市場競爭日趨激烈的今天，這種夢想有一天等到伯樂來發現的觀念，是遠遠落後於時勢的。

你稍微留心一下就能發現，現在電視廣告時間越拉越長，廣告越做越精緻，廣告投入的資金越來越嚇人。商家不惜血本要搶人們的目光，目的很明確：使你認得它，記住它，購買它。

　　職場好比賣場，企業是顧客，你就是產品。在這個賣場裡，各種類型、各種層面、各種價位的產品應有盡有。現在的顧客也越來越挑剔，常常挑到手酸眼花，還一個勁抱怨：「東西雖然不少，可合適的好像並不多。」

　　有些東西成了搶手貨，供不應求的事實自然也讓商品的價位水漲船高。有些則乏人問津，並且因為滯銷，不得不靠低價來吸引顧客。什麼「酒香不怕巷子深」，什麼「是金子總會發光的」，盡快忘掉這些老話吧！這些用來安慰失意者的止痛劑，現在居然被很多社會人當作滋補品。他們在阿Q精神的撫慰下，完全忘記自己身處戰場。

　　那些獲得成功的職業人士，從來就不會停止對自己的宣傳，他們的目的很明確：被認知、被記住、被購買。他們的信仰是「酒香還靠吆喝著賣」，「是金子就趕快去發光」。很難說他們的才能一定比你更強，但會吆喝的一定比不會吆喝的更容易賣出去。演員、歌手、律師、經理……又有誰是例外？

　　除了不願意吆喝，更多人是因為不懂怎麼去推銷自己。因為大多數的人從小就被教導做人最好謙虛、含蓄一點，推銷自己是大家所不屑的。雖然人人都知道「毛遂自薦」的典故，可人們好像並不欣賞他。大家更喜歡像諸葛亮那樣被「三顧茅廬」，覺得那樣才有面子。

　　可是細心的社會人會發現，今天他們要面對的挑戰，已經開始從「生產自己」向「銷售自己」轉移。我們需要走出去、帶點微笑、張開嘴巴、勇敢而真誠的告訴別人我們是誰？能為他們帶來什麼？我們想得到什麼？事情就這麼簡單：很多人不願開口，你開了口，你就成功了。其實，聰明的諸葛亮若活在今天的話，他也一定會主動找上劉備的門，而不會被動等待所謂的「三顧茅廬」。

　　別太在乎自己的面子和架子，否則就不會有人在乎我們是誰。想要證明自己，最好先讓別人認識你、記住你，有誰會去購買他們不知道的商品呢？努力推銷你自己！這甚至比提升你的才能還要重要。

　　一張報紙的頭版非常醒目的刊出了年薪 50 萬的「自我拍賣」文章──這是一位頗有才能的人的求職廣告。為此，很多媒體紛紛報導、評論，大眾為之譁然。「皇帝女兒不愁嫁」的時代已成了歷史，如今是資訊化時代，一個人想獲得成功，不但要有真才實學，還要善於推銷、包裝、經營自我。

　　「花開堪折直須折，莫待無花空折枝」。有才能，就要盡情發揮。每個人都有潛能，都有自己的一技之長，但剛進入一個新的工作環境，沒有人了解你的才能，上司看你就像一張白紙，工作做得好壞就看你的發揮了。

　　因此，要想懷才而遇，就必須才華外露。不露，就沒人知道你有這種才能；不了解你，上司就沒法重用、提拔你。如果你把本事隱藏起來，時日一久，上司就會認為你是無能之輩，不再理你了。

　　我們還要適時為自己打一些廣告。只要看看當今各式媒體鋪天蓋地的廣告就會明白，「酒香不怕巷子深」的年代，其去也遠矣！當今是個能人輩出的時代。

　　著名管理顧問克里爾·傑莫森對如何獲得升遷提出了自己的看法，他說：「許多人以為只要自己努力工作，上司就一定會拉自己一把，給自己出頭的機會。這些人自以為真才實學就是一切，所以無心提高知名度，但如果他們真的想有所作為，我建議他們還是應該學學如何吸引眾人的目光。」他的話指出了升遷的過程中一個至關重要的問題，那就是如何向上司、同事推薦自己，形成影響力，一般來說，要成功推薦自己應注意以下幾點。

　　第一，自己應有一定的實力，在推銷自己時，人家不會覺得你在誇誇其談。

　　第二，推銷自己一定要選好時機，好鋼要用在刀刃上，這樣才更能引起別人的注意。

　　巧妙推薦自己，這也是博得上司信任，化被動為主動，變消極等待為積極爭取，加快自我實現的不可忽視的手段。常言道：「勇猛的老鷹，通常都把它們尖利的爪牙露在外面」。這不是啟示人們去積極表現自我嗎？精明的生意

人，想推銷自己的商品，總得先吸引顧客的注意，讓他們知道商品的價值，這便是傑出的推銷手段。人，何嘗不是如此？《成功的推銷自我》的作者 E·霍伊拉說：「如果你具有優異的才能，而沒有把它表現在外，這就如同把商品藏在倉庫的商人，顧客不知道你的商品品質，怎麼讓他掏腰包？各公司的董事長並沒有像 X 光一樣透視你大腦的能力，積極的方法是自我推銷，如此才能吸引他們的注意，從而判斷你的能力。」

當然，由於傳統觀念的根深蒂固，在一種極其矛盾的心態、和難以名狀的自我否定與自我折磨的苦楚、在自尊心與自卑感衝撞之下，一方面具有強烈的表現欲，一方面又認為過分出風頭是輕浮的行為。但現在時代不同了，想做大事業，少一點拘謹、內向算得了什麼？更新觀念，大膽推銷自己吧！

用熱屁股把冷板凳坐熱

能力再強，機遇再佳的人也不可能一輩子一帆風順，如果你是受僱於人，便有坐冷板凳、不受到重用的可能。

為什麼會坐冷板凳呢？有很多種原因。

· **本身能力不佳**：只能做一些無關緊要的事，但也還沒有到必須被開除的地步。

· **曾犯過重大錯誤**：在社會上做事不像在學校玩社團。社團經營失敗也不會怎麼樣，在社會上做事一旦犯了錯，便會讓你的上司和你的老闆對你失去信心，因為他不可能再次用他的資本或職位來冒險，所以只好暫時把你「冷藏」起來。

· **老闆或上司有意考驗你**：人要做大事，必須有面對挑戰的勇氣，面對考驗的耐心，並且還要有身處孤寂的韌性。有時要培養一個人，除了讓他做事之外，也要讓他無事可做；一方面要觀察，一方面要訓練。這種考驗事先不會讓你知道，如果知道，就不算是考驗了。

- **人事鬥爭的影響**：只要有人的地方就有鬥爭，連私人公司中，老闆也會受到員工鬥爭的影響。如果你不善於鬥爭，那麼就很有可能莫名其妙失了勢，坐起冷板凳來。

- **整體環境有了變化**：時勢造英雄，很多人的崛起是由環境所造就，因為他的個人條件適合當時的環境，可是時移境遷，英雄也會無用武之地，這時候你就只好坐冷板凳了。

- **上司的個人好惡**：這沒有什麼道理好說，總之上司或老闆突然不喜歡你，你就只好坐冷板凳了。

- **你冒犯了上司或老闆**：寬宏大量的人對你的冒犯無所謂，但人是有感情的動物，你在言語或行為上的冒犯如果惹毛了上司，你便有坐冷板凳的可能性。

- **威脅到老闆或上司**：你能力如果太強，又不懂得收斂，讓你的上司或老闆失去安全感，那麼你更會被冷藏。老闆怕你奪走商機去創業，上司怕你搶了他的職位，冷板凳不給你坐給誰坐呢？

坐冷板凳的原因還有很多，無法一一列舉。而人一旦坐上冷板凳，一般都無法去仔細思考原因何在，只會成天抱怨。不過，與其在冷板凳上自怨自艾或疑神疑鬼，不如調整自己的心態，好好把冷板凳坐熱。

人要尋找一片適合的天地本就不容易。因此，只要你喜歡自己的「球隊」，冷板凳也不妨坐定下來。上場競技固然好，坐冷板凳也不要沮喪。運用以下方法，或許可以把冷板凳坐熱。

首先，提高自己的能力。在不受重用的時候，正是你廣泛搜集、吸收各種資訊的最好時機。能力提升了，當機會一來，便可跳得更高，表現得更亮眼！而在這段坐冷板凳的期間，別人也正好觀察你。如果你自暴自棄，那麼恐怕會坐到屁股結冰，而且惡評一起，恐怕就永無翻身的機會了。

其次，以謙卑來建立良好的人際關係。人都有打落水狗的劣根性，你坐冷板凳，別人巴不得你永遠不要站起來！所以要謙卑，廣結善緣，更不要提當年勇，那是無所助益的，而且「當年勇」也會使你墜入「懷才不遇」的苦悶當中，徒增自己的煩惱。

再者，更加敬業，一刻也不能疏忽。雖然你做的是小事，但也要一絲不苟的做給別人看。別忘了，很多人正冷眼旁觀，幫你打分數呢。

最後，忍、忍、忍。忍悶氣，忍嘲弄，忍寂寞，忍不甘，忍沮喪，忍黎明前的黑暗，忍虎落平陽被犬欺，忍一切的一切，忍給自己看，也給別人看！

坐冷板凳正是訓練自己的耐性、磨練自己心態的一個機會。所謂「三年不鳴，一鳴驚人」。不過，在此需要強調的是，坐冷板凳的前提是對你所在的「球隊」有信心，否則，不如離去好。

得罪上司，一切都是你的錯

小王是幾年前從基層調到宣傳部的，方部長是一個求才若渴的人，見小王在報紙上發表的文章文筆不錯，就多方奔走，終於將這個人才網羅到自己的麾下。六年後，由於小王能幹精明，公司調他到其他辦公室工作，辦公室主任也很喜歡他。

過了不久，小王忽然覺得，方部長似乎對自己有點意見，關係有漸漸疏遠的感覺。私底下一了解，才知道原來方部長和辦公室主任有隔閡。方部長認為，小王已經是主任的人了，有點忘恩負義。誤解的形成很簡單，一次下雨，中階幹部開會，小王拿著雨傘去接上司，只看見雨中的主任，卻沒看見站在門口躲雨的方部長，這雨中送傘就送出誤解來了。

盛怒之下，方部長對信得過的人說，怪他當初看錯人了，沒想到小王是一個勢利小人，見利忘義。時間不長，話終於傳到小王的耳朵裡了，他這才意識到已經被誤解，問題嚴重。

這可怎麼辦呢？小王真有點為難了。

有道是：上司說你行你就行，不行也行；上司說你不行你就不行，行也不行。這句流行俚語雖然有以偏概全之嫌，但基本上也說對了八九分。不管誰是誰非，得罪頂頭上司的最終受害者一定是下屬。只要你沒有想調離或辭職，最好避免與上司之間出現不和諧的音符。

無論是因為何種原因得罪了上司，都不要向同事訴說苦衷。如果錯在於上司，同事對此不方便表態，也不願介入你與上司的爭執，又怎能安慰你呢？假如是你自己造成的，他們也不忍心再說你的不是，往你的傷口上撒鹽。更可怕的是，難免會有居心不良的人會加油添醋後回饋到上司那裡，加深你與上司之間的裂痕。

所以最好的辦法是自己冷靜理清問題的癥結，找出合適的解決方式，使自己與上司的關係重新有一個良好的開始。

現在，讓我們來看小王是如何化解他與上司的衝突的。

首先，每當有人說起小王與方部長的關係時，小王總是否認兩個人之間有衝突。這樣做可以一方面向方部長表明自己的品格；另一方面可以阻止誤解繼續擴大，便於緩和與方部長的關係。

其次，小王和方部長在工作中經常打交道，他總是先向部長問好，不管對方理或不理，臉上總是笑嘻嘻的。遇到工作上的應酬時，一起招待客人，小王總是斟滿酒杯，當著客人的面向方部長敬酒，並公開說明是方部長培養和提拔自己，自己才有今天的成就。小王不僅是對客人介紹，更重要的還是一種表白，表示自己並非忘恩負義的小人，最後，方部長終於和小王和好如初。

在多個上司手下工作，如果不注意自己的言行，說不定會在不經意中得罪某位上司。假如是上司誤解了你，你就要想辦法消除誤解。不然的話，會對你的工作不利。消除上司的誤解，要從以下六個方面努力。

掩蓋這件事

不要讓所有的人都知道你和某個上司有衝突，以免他們把這件事搞得沸沸揚揚，使事態擴大。

在公開場合注意尊重上司

即使上司誤解了你，在公開場合仍要尊重他。見面要主動打招呼，不管他的反應如何，你都要微笑著和他講話，使他意識到你對他的尊重。這樣一來，他對你的誤解便會慢慢消除。

私下多多稱讚上司

雖然上司的誤解使你不舒服，但為了經營好與他的關係，在背後不應該講他的不是，而應該經常在私底下對別人說他的好。這樣可以透過別人之嘴替自己表白真心。假如對方知道了你私底下褒揚他，肯定會很高興，這樣更有利於誤解的消除。

上司遇到困難的時候幫他一把

誰都有遇到困難的時候，如果此時你不是隔岸觀火，看上司的笑話，而是挺身而出，幫他一把，使他擺脫困難，一定會令他大為感動的。

找準機會盡釋前嫌

待上司對自己慢慢有了好感之後，可以找一個適合的機會，請教上司在哪些方面對自己有意見。弄清楚了上司誤解的原因後，你可以耐心向他解釋，證明你並不是有意的。只要你是坦誠的，上司不會不接受你的解釋。

頻繁加強情感交流

誤解消除後，並不是就萬事大吉了。如果剛消除掉上司的誤解，你對上司的態度就變得不冷不熱，會使上司認為你仍是在欺騙他，反而更加深了他對你的誤解。這時，你不能掉以輕心，而應趁熱打鐵，經常找機會與上司進行情感交流，培養你們之間的友誼。

切忌目無上司

通常在下屬中的某些出類拔萃者或者功高震主者，他們有恃無恐，比較容易犯這一類的錯；還有一些嬌生慣養、目無尊長的人，他們心浮氣躁，也容易犯這類毛病。但是，如果你恃才傲物，或者頂撞上司，當你的行為直接有損上司的形象時，那你就成了一個蔑視上司的人，一旦上司對你心生厭惡，那麼你的處境就不妙了。此類教訓，古往今來有很多，三國時代曹操與楊修的故事，就是一個典型的例子。

恃才傲物是下屬目無上司的表現之一。

胡先生是某大公司技術開發部門的一個主管，具有相當強的專業知識與工作能力，於某年年初被委派籌辦一個子公司，擔任經理的職務。

胡先生走馬上任後，披星戴月、雷厲風行、不辭勞苦，將籌辦　公司的大大小小事情在三個月內辦妥當。三個月後，公司正式開業。

胡先生籌辦的公司開業後的最初兩三個月，經營得十分艱難。為了拓展客戶範圍，胡先生親自帶隊，一個一個公司拜訪，常常在各處跑，幾乎沒有星期天的概念。三個月後，胡先生所負責的公司逐漸盈利，而後利潤以每月20% 遞增。

到該年年底，胡先生所負責的公司已經十分繁榮：從業人員增加了 5 倍，固定資產增加了超過 10 倍。

隨著胡先生的成功，榮譽接踵而來。胡先生的頂頭上司 —— 技術開發部的部長李先生，不論在正式或私下場合，總是把胡先生的成功攬到自己身上，歸功於自己的管理有方。

胡先生對李先生的此等行為深惡痛絕，逢人便說李先生的無德與無能。

隔年中旬，在一次例行的稅收物價檢查中，上級檢查部門發現胡先生負責的公司有一筆漏稅行為，並通知補稅交款。這件事本來只算工作疏忽，情節不算嚴重，但李先生卻死死抓住這一點，小題大作，對總公司高層主管打小報告，力述胡先生嚴重影響了總公司的聲譽，應該引咎辭職。

　　高層主管雖然憐愛胡先生的才幹，但考慮到子公司的工作均已上正軌，便宣布將胡先生調回技術開發部。

　　頂撞上司是下屬目無上司的表現之一。「人生不如意事十之八九」。生活中常會有這樣的情形：工作了一段時間，你發現你的上司很不如你的意，感到很彆扭。雖說是擇優而仕，可你卻沒有「跳槽」的機會，或因為制度等等方面的原因使你不能「跳槽」，怎麼辦呢？

　　有些人採取的辦法是：向上司挑戰！但不知這些人有沒有想過，如果過於計較一些小得失，就可能導致全盤失敗，特別看重眼前利益，就可能導致更大的損失。

　　當你不得不留在一個團體中時，就必須學會忍耐不如意的領導人，因為胳膊扭不過大腿。

　　另外，與上司爭功也是下屬目無上司的一種表現。

　　老子有這樣一句話：「大巧若拙，大辯若訥」。意思是聰明的人，平時卻像個呆子，雖然能言善辯，卻好像不會說話一樣，也就是說人要匿強顯弱，大智若愚。

　　現實生活中嫉妒賢能的上司很多，他們不能容忍下屬超越自己，他們必須保持自己在團體中的權威地位，即使他的水準很低。就像武大郎一樣，在武氏的店中是不能有身材高大的店員的。

　　生活中也總有這些人，他們對平庸的上司十分不滿，怨天尤人，就算是好的上司，他也常感到不舒服，叛逆心理很重。上司的獎勵，他會看作是拉攏人心，上司禁止的事情，他偏要去做。

　　要創造和諧的與上司之間的關係，就該去掉你的叛逆心理！切記：槍打出頭鳥！

謹防越位行事

越位是足球比賽的一個專用術語。在千變萬化的職場生涯中，上班族也應對「越位」有明確的了解與認知。

一般來說，下屬在與上司的相處過程中，其行為與語言超越了自己的位置，就叫越位。下屬的越位分為：決策越位、角色越位、程序越位、工作越位、表態越位、場合越位以及語氣越位。

處於不同層級上的人員的決策許可權是不一樣的，有些決策是下屬可以做的，有些決策必須由高層主管做出。如果下屬按自己的意願去做必須應由主管決策的工作，這就是決策越位。

羅先生是在某廠管理生產建設的副廠長，而吳女士是基建科的科長，該廠準備建一座新廠房，需從兩個設計單位中選擇一家設計單位來設計該廠房。按廠裡的工作程序，應由羅副廠長主導、確定設計單位後，再由基建科長吳女士具體籌畫實施，但甲設計單位透過熟人找到吳女士後，希望能夠承包該工程的設計，吳女士為了討好設計單位，表示她本人同意由甲單位設計，但需羅副廠長也持此同樣意見。甲設計單位的主管為了給曾是自己學生的羅副廠長一點壓力，就將吳女士的話告訴羅副廠長。羅副廠長雖然本來就同意由甲單位設計該廠房，但對吳女士這種變相的決策越位做法十分不滿，從此對基建科長吳女士心存不滿。

有些場合，如宴會、應酬接待，上司和下屬在一起，應該適當襯托上司，不能喧賓奪主，如果下屬太搶鋒頭、過度炫耀自己，就是角色越位。

胡女士是一位不善言談、性格內向的私營企業家，而她的祕書李小姐則是一位相貌出眾、談吐幽默並具有煽動力的女中豪傑。在胡女士的創業過程中，李小姐曾立下汗馬功勞，可以說，沒有李小姐，就沒有胡女士今天的企業成就。但當胡女士和她的祕書李小姐在一起的時候，周圍的人員都為李小姐的容貌和才華傾倒，因此言行舉止都以李小姐為核心，反而把胡女士當成

李小姐的陪襯。在創業時，胡女士對這種現象只能忍受，但在事業有成的今天，胡女士已經忍無可忍，最終兩人反目成仇。

有些既定的方針，在上司尚未授意發布消息之前，下屬不能私自透露消息。如果搶先透露消息，就是程序越位。

趙先生是某縣長的祕書，該縣的縣立幼兒園欲購置一批電子琴，向縣政府申請一筆經費，經過審查，同意撥款。但在趙先生和幼兒園園長的一次私人聚會上，趙先生把縣長同意撥款的消息先向園長透露。園長知道消息後就打電話給縣長，對於上級機關對幼兒園的關心和支援表示感謝。縣長接完電話後對祕書的做法十分不滿，認為祕書沒經他同意就對園長透露消息的做法有搶功之嫌，並覺得此人不可重用。

有些工作必須由上司做，有些工作必須由下屬做，這是上司與下屬的不同角色。如果有些下屬為了彰顯自己的能力，或出於對上司的關心，做了一些本應由上司做的工作，就是工作越位。

白處長在兩年前因捨己救人而廣受讚揚，並因此被提拔為他在能力上並不能完全勝任的局長職位，而副局長小王則是一位精明能幹、辦事果斷、為人熱情的年輕人。小王看到老白工作起來十分吃力，就幫助他做了很多本應由老白承擔的工作。起初，老白對小王十分感謝。但隨著時間的推移，不管是上級還是下屬，都覺得小王比老吳更適合擔任局長的工作。老白心裡也有所察覺，並對小王開始感到不滿，覺得如果讓小王頂替自己的局長位置，自己將會很沒面子，加上小王對這個現象又沒有試圖積極、主動的解決，老白為了保住自己的局長位置，就將小王調至其他偏僻的管轄區，美其名曰：「增加工作經驗」。

表態是人們對某件事情或問題的回答，它是與人的身分有所相關的，如果踰越自己的身分，胡亂表態，不僅表態無效，而且會喧賓奪主，使上司和下屬都陷入尷尬的局面。

有些場合，上司不希望下屬在場，下屬一定要了解上司有關這方面的暗示，否則就會造成場合越位。

朱博士剛被分派到某局辦公室擔任主任，和局長同在一個辦公室工作。朱博士發覺走出校門之後，有很多課本之外的東西需要學習，而局長正是一個最好的好老師。局長的談吐、局長的言行舉止、局長的才智，正是朱博士學習的榜樣。朱博士想方設法和局長多在一起。有時，局長向朱博士暗示他需要和客人單獨談話，但朱博士還是沒有要離開的意思，讓局長左右為難。有一次，一位朱博士的大學同學、現任某外資公司的總裁要和局長進行高層決策的密談，礙於對大學同學的情面，不得不象徵性的邀請朱博士和局長一起用餐。沒想到朱博士卻真的跟他們一起去用餐，從而影響了談判的進度。後來局長伺機把朱博士調出辦公室，打入冷宮。

在和上司相處的過程中，下屬如果不重視上司的社會角色，在對外來往的過程中，說話過分隨便，往往容易造成語氣越位。

小肖大學畢業後分配到某公司辦公室工作，公司經理是一個性格開朗、說話隨便並容易和大家打成一片的年輕小伙子。平時大家在一起，相處得十分融洽，分不出誰是經理誰是職員。但是當公司對外談判時，小肖還像平時一樣，拍著經理的肩膀，大刺刺的說：「老兄，今天去麥當勞還是肯德基？不用怕，我來買單！」這就是一個不恰當的語氣越位。

遭同事排擠，孤立的日子很難過

李斌最近總覺得怪怪的，原先與他常說話的同事突然不太搭理他了，中午去樓下的餐廳吃飯時也沒有人同行和同桌。剛開始李斌沒有察覺到，但這樣的情形一再出現，李斌就意識到自己正遭受到同事的排擠。李斌左思右想也想不通，為什麼和諧相處了兩年的同事，突然之間對自己冷淡了起來。他想找個同事問個究竟，但找誰呢？同事會說出原因嗎？李斌心裡沒有一點掌握。

　　如果有一天，你發現你的同事突然一改常態，不再友善對待你，或對你敬而遠之，事事抱著不合作的態度，處處刁難你、讓你出洋相，看你的笑話，你就得當心了。這些資訊向你傳達了一個重要信號：同事在排擠你。

　　被同事排擠，必然有其原因。這些原因不外乎以下幾種情況。

1. 近來連連升遷，招來同事忌妒，所以群起攻之排擠你。
2. 你剛剛到公司上班，你有著令人羨慕的優秀條件，包括高學歷、有靠山、相貌出眾，這些都有可能讓同事忌妒。
3. 聘用你的人是公司裡人人討厭的人物，因此連你也受牽連。
4. 衣著奇特、言談過分、愛出風頭，令同事卻步。
5. 太討好上級而疏於和同事交往。
6. 妨礙到同事獲取利益，包括升遷、加薪等可以受惠的事。

　　你的情況如果是屬於 1、2 項，這情況也很自然，所謂「不招人妒是庸才」，能招人妒忌也不是丟臉的事。其實只要你平日對人的態度和藹親切，同事們不難發覺你是一個老實的人，久而久之便會樂於和你來往。另外，你可以培養自己的聊天能力，因為同事們最大的愛好之一就是聊天，透過聊天可以改變同事對你的態度。

　　你的情況如果屬於第 3 項，那便是你本人的不幸，只能等機會向同事表示，自己應徵主要是因為喜歡這份工作，與聘用你的人無關，與他更不是親戚關係。只要同事了解到你不是「密探」身分，自然會歡迎你的。

　　你的情況如果是屬於第 4、5 項，那麼你便要反省一下，因為問題是出在你自己身上，想要讓同事改變看法，只能讓自己做出改善。平時不要亂出一些驚人的言論，要學會當聽眾，衣著也應切合身分，既整潔又不招搖，過分顯眼的服裝不會為你帶來方便，如果你為了出風頭而身著奇裝異服招搖過市，這會令同事們把你當成敵對的目標。

　　如果是屬於第 6 項，你要注意你做事的分寸。升遷、加薪、條件改善、甚至主管一句口頭表揚都是同事們想獲得的獎勵，爭奪也在所難免，雖然大家非常努力工作，但彼此心照不宣，誰不想獲得獎勵呢？

努力化解與同事之間的衝突

一個人想在工作中面面俱到，誰也不得罪，誰都喜歡你，那是不切實際的。因此，在工作中與其他同事產生種種衝突和意見是很常見的事，碰到一兩個難於相處的同事也是很正常的。辦公室裡有人勃然大怒，其實這並不是一件壞事，情緒高昂，表示溝通欲望高亢，同時也是化解衝突的最好機會。

但同事之間儘管有衝突，仍然是可以來往的。首先，任何同事之間的意見往往都是起源於一些具體的事件，而並不是涉及個人的其他方面，事情過去之後，這種衝突和矛盾可能會由於人們思考的慣性而延續一段時間，但時間一長，也會逐漸淡忘。所以，不要因為過去的小矛盾而耿耿於懷。只要你大大方方，不把過去的衝突當一回事，對方也會以同樣豁達的態度對待你。

其次，即使對方仍對你有一定的不滿，也不妨礙你與他來往。因為在同事之間的來往中，我們所追求的不是朋友之間的那種友誼和感情，而僅僅是工作，是任務。彼此之間有衝突沒關係，只求雙方在工作中能合作就行了。由於工作本身涉及雙方的共同利益，彼此間合作如何，事情成功與否，都與雙方有關。如果對方是一個聰明人，他自然會想到這一點，這樣一來，他也會努力與你合作。如果對方執迷不悟，你不妨在合作中或共事中向他點明這一點，以利於相互之間的合作。

因為你與大多數人的關係都很融洽，所以你可能會覺得問題不在於你這一方；你甚至發現其他人也和他有過不愉快的經歷，於是大家都不約而同將矛頭指向了那個人，所以你會認為是他造成這種不融洽局面的。你們雙方都沒有花時間去進一步了解彼此，也沒有創造一些機會去心平氣和闡述各自的看法，雙方因而缺乏對彼此的信任，人與人之間的關係也就會不斷倒退。怎樣才能夠改變這種局面、改善彼此的關係呢？

你不妨嘗試著拋開過去的成見，更積極對待這些人，至少要像對待其他

人一樣對待他們。一開始，他們也許會心存戒心，認為這是個陷阱而不予理會。有耐心一點，沒有問題的，因為將過去的積怨平息的確是件費功夫的事。你要堅持善待他們，一點點改進，過了一段時間後，表面上的問題就消失了。

　　也許深層的問題還存在，他們可能會覺得你曾在某些方面怠慢過他們，也許你曾經忽視了他們提出的一個建議，也許你曾在重要關頭反對過他們，而他們將問題歸結在你個人身上；還有可能，你曾對他們很挑剔，而恰好他們聽到了你的話，或是聽某些人轉述了你的話。

　　那麼，你該做些什麼呢？如果任由問題存在下去，那是很危險的，它很可能在今後造成更惡劣的後果。最好的方法就是找他們溝通，並確認是否你不經意間做了一些事得罪了他們。當然這要在你做了大量的內部工作，且真誠希望與對方和好後才能這樣行動。

　　他們可能會說，你並沒有得罪他們，而且會反問你為什麼這樣問。你可以心平氣和解釋一下你的想法，比如你很重視和他們建立良好的工作關係，也許雙方存在誤會等等。如果你的確做了令他們生氣的事，而他們又堅持說你們之間沒有任何問題時，責任就完全在他們那一方了。

　　或許他們會告訴你一些問題，而這些問題或許不是你心目中想的那一個問題，然而，不論他們說什麼，一定要聽他們講完。同時，為了能表示你聽了、而且了解了他們講述的話，你可以用你自己的話來重述一遍那些關鍵內容，例如，「也就是說我放棄了那個建議，而你覺得我並沒有經過仔細考慮，所以這件事使你生氣。」現在你了解了癥結所在，而且找到了可以重新建立良好關係的切入點，但是，良好關係的建立應該從道歉開始，你是否善於道歉呢？　如果同事的資歷比你老，你不要在事情剛發生的時候與他對質，除非你能肯定自己的理由十分充分。更好的辦法是在你們雙方都冷靜下來後解決，即使在這種情況下，直接挑明問題和解決問題都不太可能奏效。你可以先談一些相關的問題，當然，你可以用你的方式提出問題。如果你確實做錯

了一些事並遭到指責，那麼要重新審視那個問題並要真誠道歉。類似「這是我的錯」這種話是可能創造奇蹟的。

敵意可以一點一點消失

競技場上比賽開始前，兩人都要握手敬禮或擁抱，比賽後再來一次，這是最常見的「當眾擁抱你的敵人」的一種方式。

人與人之間或許會有不共戴天之仇，但在辦公室裡，這種仇恨一般不至於白熱化到那種地步。畢竟是同事，都在為同一家公司工作，只要衝突還沒有發展到你死我活的地步，總是可以化解的。記住：敵意是一點一點增加的，也可以一點一點消失。有句老話：「冤家宜解不宜結」。同在一家公司謀生，低頭不見抬頭見，還是少結冤家比較有利於自己。不過，化解敵意也需要技巧。

別讓自己高高在上，以免招致嫉妒

嫉妒是基本人性之一，只不過有的人會把嫉妒表現出來，有的人則把嫉妒深埋在心底。

嫉妒是無所不在的，朋友之間、同事之間、兄弟之間、夫妻之間、親子之間，都有嫉妒的存在，而這些嫉妒一旦處理失當，就會形成足以毀滅一個人的烈火。不過，這裡只談朋友、同事之間的嫉妒。

朋友、同事之間嫉妒的產生大多是因為以下情況，例如：「他的條件又不見得比我好，可是卻爬到我上面去了。」「他和我是同班同學，在校成績又不如我好，可是地位竟然比我高，比我有錢！」……換句話說，如果你升了官，受到上司的肯定或獎賞、獲得某種榮譽時，那麼你就有可能被同事中的某一位（或多位）嫉妒。女人的嫉妒會表現在行為上，說些「哼，有什麼了不起」或是「還不是靠拍馬屁爬上去」之類的話，但男人的嫉妒通常埋在心裡，更有甚者則開始跟你作對，表現出不合作的態度。

因此，當你一朝得意時，你應該注意幾件事：

· 同公司之中有沒有資歷、條件比你好的人落在你後面？因為這些人最有可能對你產生嫉妒；

· 觀察同事們對你的「得意」在情緒上產生的變化，以便得知誰有可能嫉妒。一般來說，心裡有了嫉妒的人，在言行上都會有些異常，不可能掩飾得毫無痕跡，只要稍微用心，這種「異常」很容易發現：

· 而在注意這兩件事的同時，你也要做這些事情：

· 不要凸顯你的得意，以免刺激他人，升高他的嫉妒，或是激起本來不嫉妒你的人的嫉妒；你若過於洋洋得意，那麼你的歡欣必然會換來苦果；

· 把姿態放低，對人更有禮，更客氣，千萬不可有輕視對方的態度，這樣就可降低別人對你的嫉妒，因為你的低姿態使某些人在自尊方面獲得了滿足；

· 在適當的時候適當顯露你無傷大雅的短處，例如不善於唱歌，字寫得很差等等，好讓嫉妒的人心中有「他畢竟也不是十全十美」的幸災樂禍的滿足；

· 和心有嫉妒的人溝通，誠懇請求他的配合，當然，也要強調、讚揚對方擁有而你沒有的長處，這樣或多或少可消除他的嫉妒。

　　遭人嫉妒絕對不是好事，因此必須以低姿態來化解。而話說回來，嫉妒別人也不是好事，如果你有嫉妒之心，又無法加以消除，那麼千萬不要讓它轉變成破壞的力量，因為這種力量傷人也會傷己，而且嫉妒也會阻礙你的進步。因此，與其嫉妒，不如想辦法趕上對方，甚至超越對方。

人在屋簷下，一定要低頭

　　老祖先有一句話：「人在屋簷下，哪能不低頭」，老祖先可以說是洞徹世事人情，因此這句話是相當有智慧的。

　　所謂的「屋簷」，說明白些，就是別人的勢力範圍。換句話說，只要你處

於這勢力範圍之中，並且靠這勢力生存，那麼你就是在別人的「屋簷」下了。這「屋簷」有的很高，任何人都可抬高頭站著，但這種屋簷畢竟不多，以人類容易排斥「非我族類」的天性來看，大部分「屋簷」都是低的。也就是說，進入別人的勢力範圍時，你會受到很多有意無意的排斥和不明事理、不知從何而來的欺壓。除非你有自己的一片天空，是個強者，不用靠別人過日子。可是你能保證你一輩子都可以如此自由自在，不用在「屋簷」下躲避風雨嗎？所以，在人屋簷下的心態就有必要調整了。

總而言之，「一定要低頭」的目的是為了讓自己與現實世界有著和諧的關係，把兩者的磨擦降至最低；是為了保存自己的能量，以走更長遠的路；是為了把不利的環境轉化成對你有利的力量，這是人性叢林中的生存智慧。

工作成為負擔，熱忱的火把何時熄滅

工作數年後，周君越來越感覺到工作的無聊與無趣。曾經的理想已經斑駁難辨，曾經的幹勁也無處可覓。難道是老了嗎？三十出頭的人，怎麼就那麼暮氣沉沉？

周君就像是那個做一天和尚撞一天鐘的人，卻偏偏心中偶爾會泛起不甘。他遊走在極度的無聊與輕微卻深沉的苦痛當中。他不知道自己該怎麼辦。

每天在茫然中上班、下班，到了固定的日子領回自己的薪水，高興一番或者抱怨一番之後，仍然茫然的去上班、下班……什麼是工作？工作是為了什麼？可以想像，這樣的人，他們只是被動應付工作，為了工作而工作，他們不可能在工作中投入自己全部的熱情和智慧。他們只是在機械式的完成任務，而不是去創造性的、自動自發的工作。

當我們踩著時間的尾巴準時上下班時，我們的工作很有可能是死氣沉沉

的、被動的。當我們的工作依然被無意識所支配的時候，很難說我們對工作的熱情、智慧、信仰、創造力被最大化激發出來了，也很難說我們的工作是卓有成效的。我們只不過是在「耗日子」或者「混日子」罷了！

其實，工作是一個包含了諸多智慧、熱情、信仰、想像力和創造力的詞彙。卓有成效和積極主動的人，他們總是在工作中付出雙倍甚至更多的智慧、熱情、信仰、想像力和創造力，而失敗者和消極被動的人，卻將這些深深埋藏起來，他們擁有的只是逃避、指責和抱怨。

工作在根本上是一個態度問題，是一種發自肺腑的愛，一種對工作的真愛。工作需要熱情和行動，工作需要努力和勤奮，工作需要一種積極主動、自動自發的精神。只有以這樣的態度對待工作，我們才可能獲得工作所給予的更多的獎賞。

要明白，那些每天早出晚歸的人不一定是認真工作的人，那些每天忙忙碌碌的人不一定是出色完成了工作的人，那些每天按時打卡、準時出現在辦公室的人不一定是盡職盡責的人。對他們來說，每天的工作可能是一種負擔、一種逃避，他們並沒有做到工作所要求的那麼多、那麼好。對每一個企業和老闆而言，他們需要的絕不是那種僅僅遵守紀律、循規蹈矩，卻缺乏熱情和責任感，不能夠積極主動、自動自發工作的員工。

工作不是一個關於做什麼事、得什麼報酬的問題，而是一個關於生命的問題。工作就是自動自發，工作就是付出努力。正是為了成就什麼或獲得什麼，我們才專注於什麼，並在那個方面付出精力。從這個本質的角度說，工作不是我們為了謀生才去做的事，而是我們用生命去做的事！

成功取決於態度，成功也是一個長期積極努力的過程，沒有誰是一夜成名的。所謂的主動，指的是隨時準備掌握機會，展現超乎他人要求的工作表現，以及擁有「為了完成任務，必要時不惜打破常規」的智慧和判斷力。知道自己工作的意義和責任，並永遠保持一種自動自發的工作態度，為自己的行為負責，是那些成就大業之人和凡事得過且過之人最根本的區別。

明白了這個道理，並以這樣的眼光來重新審視我們的工作，工作就不再是一種負擔，即使是最平凡的工作也會變得意義非凡。在各式各樣的工作中，當我們發現那些需要做的事情 —— 哪怕並不是分內之事的時候，也就意味著我們發現了超越他人的機會。因為在自動自發工作的背後，需要你付出的是比別人多得多的智慧、熱情、責任、想像力和創造力。

點燃熱忱的火把

熱忱，是指一種熱情的種子深植入人的內心而生長成一棵生機勃勃的參天大樹。拿破崙·希爾（Napoleon Hill）喜歡稱之為「被抑制的興奮」。如果你內心裡充滿做事的熱忱，你就會感到興奮。你的興奮從你的眼睛、你的面孔、你的靈魂以及你整個人的各方面輻射出來，使你的精神振奮。

熱忱是一把火，它可以燃燒起成功的希望。要想獲得這個世界上最大的獎賞，你必須擁有過去最偉大的開拓者將夢想全部轉化為價值那樣的獻身熱忱，來陪伴自己走過長長的探索之路。

塞謬爾·斯邁爾斯（Samuel Smiles）的辦公桌上掛了一塊牌子，他家的鏡子上也掛了同樣一塊牌子。巧的是麥克阿瑟將軍（Douglas MacArthur）在南太平洋指揮盟軍的時候，辦公室牆上也掛著一塊牌子，上面都寫著同樣的座右銘：

信仰使你年輕，疑惑使你年老；
自信使你年輕，畏懼使你年老；
希望使你年輕，絕望使你年老；
歲月使你皮膚起皺，但是失去了熱忱，
就損傷了靈魂。

這是對熱忱最好的讚詞。培養並發揮熱忱的特性，我們就可以對我們所做的每件事情，加上火花和趣味。

一個有熱忱的人，無論是在挖土，或者經營大公司，都會認為自己的工

作是一項神聖的天職，並懷著深切的興趣。對自己的工作有熱忱的人，不論工作有多少困難，或需要多大的訓練，始終會一如既往、向前邁開步伐。只要抱持著這種態度，你的想法就不愁不能實現。愛默生（Ralph Waldo Emerson）說過：「有史以來，沒有任何一件偉大的事業不是因為熱忱而成功的。」事實上，這不是一段單純的話語，而是邁向成功之路的指標。

實際上，熱忱與內在精神的含義基本上是一致的。一個真正有熱忱的人，他的內心熠熠發光，一種炙熱的精神核心就會深深扎根於人的內在思想中。

無論是誰心中都會有一些熱忱，而那些渴望成功的人們的內心世界更像火焰一樣熊熊燃燒，這種熱忱實際上是一種可貴的能量，用你的火焰去點燃別人內心熱忱的火種，那麼你又向成功邁進了一大步。

紐約中央鐵路公司前總經理有一句名言：「我越老，越能確定熱忱是勝利的祕訣。成功的人和失敗的人在技術、能力和智慧上的差別並不會很大，但如果兩個人各方面都差不多，擁有熱忱的人將會擁有更多如願以償的機會。一個人能力不夠，但是如果具有熱忱，往往會勝過能力比自己強卻缺乏熱忱的人。」

不過，熱忱不是面子上的功夫，如果只是把熱忱溢於表面而不是發自內心，那便是虛偽的表現。如果這樣，往往不能使自己獲得成功，反而會導致自己失去成功的機會。

因此，訓練熱忱的方法是訂定一份詳細的計畫，並依照計畫執行，培養對熱忱的持久熱情，盡量使自己的熱忱上升，不讓熱忱逐漸下墜。

現在，告訴你如何建立熱忱加油站，使你滿懷工作熱忱：

首先你要告訴自己，你正在做的事情正是你最喜歡的，然後高高興興去做，使自己覺得對現在的事業已很滿足。其次，是要表現熱忱，告訴別人你的事業狀況，讓他們知道你為什麼對自己的事業感興趣。

轉行 or 繼續，十字路口的困惑

　　轉行看來容易，真正下定決心去做，卻與離婚一樣困難。對於老本行，也許你的內心早已沒有熱情，離開它也不會有絲毫留戀。但捨棄一個輕車熟路的領域，去開拓一個有些陌生的領域，任何人都會有些躊躇與猶豫的。

　　不管身處哪個領域從事何種工作，我們每個人都必須要賺錢過日子，以使自己免受飢寒。因此檢查自己目前的職業角色，評估自己從中能獲得多大的滿足感，將有助於規劃個人成功的人生。

　　我們要永遠清楚意識到，沒有一種職業是十全十美的。對於職業的滿足與否，應該基於個人的事業原動力，以及是否能由這個職業使自己獲益。

　　因此，我們有必要仔細評估自己目前的職業，以便發現這項職業是否能給予我們滿足感，是否具有發展機會。

　　職業對從業者的影響很大，從某個角度來看，職業是耗用時間並局限人的事。例如送信的郵遞員，可能十年如一日、每天早起挨家挨戶送信，而他全部的人生就是圍繞著這個郵遞責任所構成。所以，職業也可說是一個枷鎖，它在無形中限制了從業者的行動範圍。

　　感到滿足的可能性，是建立在職業的結構中。以超級市場的收銀員為例，她每天站在收銀機前 8 個小時，輸入一大堆數字。儘管這工作與許多人接觸，卻很少有能夠表現她個人創意和個性的機會；由此可見，我們有必要十分謹慎的選擇自己所想從事的職業，並及早看清楚此項職業是否能提供我們滿足的可能性，如果做不到這一點，便可能會阻礙我們的發展。例如有一位製圖員說：「我的日子就是坐在製圖桌旁，設計、製造一些造型。隨著時間的流逝，這工作便越來越顯得沒有意義，而且將我與別人完全隔絕。」

　　據統計，差不多有 90% 的人都會對他們工作的某些方面感到不滿。主要的不滿，都與工作要求和與個人當時的事業原動力相悖有關。

剛剛踏入社會的年輕人，第一個工作大多是在匆忙之中選定的。為了生活，顧不了那麼多。這個工作一日一日做下去，一年兩年過去了，面孔熟了，經驗也有了。有的從此安安分分上他的班，最多換換新的公司，為自己尋求較好的待遇和工作環境；有的則運用已經學到的經驗，自己創業當老闆，有的則轉行，到別的天地試試運氣。

轉行的想法 80% 以上的人都有過，光是想當然沒什麼關係，如果真的要轉行，那麼一定要考慮幾個因素：

- 我的本行是不是沒有發展前景了？同行的看法如何？專家的看法又如何？如果真的已沒有多大的發展可能，有沒有其他出路？如果有人一樣做得好，是否說明了所謂的「沒有多大前景」是一種錯誤的認知？
- 我是不是真的不喜歡這個領域？或是這個領域根本無法讓我的能力得到充分的發揮？換句話說：是不是越做越沒樂趣，越做越痛苦呢？
- 對未來所要轉換領域的性質及前景，我是不是有充分的了解？我的能力在新的領域是不是能如魚得水？而我對新領域的了解是否來自客觀的事實和理性的評估，而不是急著要逃離本行所引發的一廂情願式的自我欺騙？
- 轉行之後，會有一段時間青黃不接，甚至影響到生活，我是不是做好了準備？

如果一切都是肯定的，那麼你便可以轉行！

千萬別入錯了行

報載一位大學畢業生，他的工作很令人感到意外，是一家果菜公司的搬運工人。他說他六年前從學校畢業，一時找不到工作，便經由他人介紹到蔬菜公司當臨時工，賺些零用錢。漸漸的，這位「天之驕子」習慣了那份工作和周圍的環境，也就沒有積極去找別的工作，於是一做就是 6 年，現在年近 30，由於長期與蔬菜打交道，不僅知識未能跟上時代，連本業技能也丟得差

不多了。他說：「換工作，誰會要我呢？我又有什麼專長可以讓人用我呢？」目前，他仍在蔬菜公司當搬運工人。

對這個例子，也許你會說，轉行有什麼難？說轉就轉啊！

也許你是可以說轉就轉的人，但恐怕絕大部分的人都做不到，因為一個工作做久了，習慣了，加上年紀大了些，有了家庭負擔，便會失去轉行面對新領域的勇氣；因為轉行要從頭開始，怕影響到自己的生活，另外，也有人心志已經磨損，只好做一天算一天；有時還會扯上人情的牽絆、恩怨的糾葛，種種複雜的原因，讓你「人在江湖，身不由己」。　其實行行出狀元，並沒有哪個領域不好，哪個領域才好，那為什麼又提醒你「千萬別入錯行」呢？　這裡只是提醒你，找工作要睜亮眼，找適合你的工作，找你喜歡的工作，找有前途的工作，千千萬萬別因一時待業，怕人恥笑而勉強去做自己根本不喜歡的工作！人總是有慣性的，不喜歡的工作做一兩個月，一旦習慣了，就會被慣性套牢，不想再換工作了。一日復一日，倏忽之間，三年、五年過去了，那時要再轉行，就更不容易了。

另外一點，千萬別涉入非法行業，這種工作雖然有可能讓你一夜暴富，但事實上卻是在刀口上行走，員警的追緝、法律的制裁、同行的陷害，即使不吃牢飯不送命，也會被人看不起。有人雖然想跳出來，但談何容易，就像吸毒一樣，最終進了監獄……。

不過如果你不慎「入錯行」，也有心轉行，那麼就要鐵了心，毅然轉行，否則歲月不饒人，你只會在不適合的領域裡越走越遠。

跳來跳去暈了頭，敢問路在何方

周海最近一段時間異常煩悶，他突然覺得自己失去了目標，竟不知道自己明天的路在哪裡。

　　周海從小就不是那種安分守己的人，他腦筋很靈活，凡事求個新鮮。大學在遠離家鄉的地方讀書，畢業後去了外地，後來又北上，將根基扎在首都。他總是覺得熟悉的地方沒有好風景。如此的心態，也令其職業生涯不是那麼中規中矩，而是充滿了變數。最開始，他在一家雜誌社做編輯，那時倒也是意氣風發，可剛開始的新鮮感一過，他就覺得提不起勁來了，一天到晚無精打采。「不行，不能這樣下去！」周海決定及時轉舵，這次他跳到一家IT公司工作。做了兩年以後，他還是覺得沒意思，怎麼辦？

　　當然還是跳！那時正趕上投資潮，於是周海又選擇了新的職業錨點，看準方位，投身到諮詢公司門下。熟料這行看起來簡單，可實際操作起來卻並非易事，做起來總是「眼高手低」，工作一段時間後，也絲毫沒什麼起色。況且，那裡的氛圍也並不舒適。於是乎，當初的豪情化做困頓和憂慮。周海又做好了跳槽的準備。可這次，他卻很茫然，不知該往何處跳？他考慮再三，最後瞄準了一家外資公司，跳了過去。但這次的落腳點仍然不穩，俗話說，隔行如隔山，又要重新適應環境，因而工作上始終很難有大突破，一直停滯不前。對此，周海憂慮重重。

　　周海病了，無法堅持著正常工作，他神智恍惚，只能終日昏昏沉沉躺在床上。人倒下了，思緒也飄得很遠很遠，他不明白，自己並不是一個保守之人，總是在求新求異求變，卻為何還落得如此境地？

　　表面看來，周海確實是在與時俱進，經歷過的幾個公司都是他選擇時較熱門的領域。對於熱門領域他看得很準，但是跳槽時並沒有充分考慮到自己是否具備該環境的能力和知識儲備。因此，他的職業軌跡很混亂，每一次跳槽幾乎都是從頭再來。轉型互相搭不起來，供血不足，注定會在頻繁的轉向中暈頭。周海現在的當務之急是用心設計好自己的職業生涯，注重職業的關聯程度，令所有的枝葉都圍繞著主幹生長，並相輔相成，相互供給養分，這樣事業之樹才能益發繁茂、蒼翠。

確定自己的職業定位

美國麻省理工學院的教授指出，職業定位可以分為以下 5 類：

技術型

持有這類職業定位的人出於自身個性與愛好考慮，往往並不願意從事管理工作，而更願意在自己所處的專業技術領域發展。在以往不專門培養經理的時候，經常將技術超群的科技人員提拔到領導人職位，但他們本人往往並不喜歡這個工作，更希望能繼續研究自己的專業。

管理型

這類人有強烈的願望去做管理人員，同時經驗也告訴他們，自己有能力擔任高層主管職位，因此他們將職業目標定為有相當重要職責的管理職位。成為高層經理需要的能力包括三個方面：

- **分析能力**：在資訊不充分或情況不確定時，判斷、分析、解決問題的能力。
- **人際能力**：影響、監督、管理、應對與控制各級人員的能力。
- **情緒控制力**：有能力在面對危急事件時，不沮喪、不氣餒，並且有能力承擔重大責任，而不被其壓垮。

創造型

這類人需要建立完全屬於自己的東西，或是以自己名字命名的產品或工藝，或是自己的公司，或是能反映個人成就的私人財產。他們認為只有這些實實在在的事物才能展現自己的才幹。

自由獨立型

有些人更喜歡獨來獨往，不願像在大公司裡那樣彼此依賴。很多有這種職業定位的人同時也有很高的技術型職業定位。但是他們不同於那些單純只有技術型定位的人，並不願意在組織中發展，而是寧願獨立從業，或是與他

人合夥經營。其他自由獨立型的人往往會成為自由撰稿人，或是開一家小的零售店。

安全型

有些人最關心的是職業的長期穩定與安全性。他們為了安定的工作、可觀的收入、優越的福利與養老制度等而付出努力。絕大多數的人都選擇這種職業定位，大部分情況下，這是以社會發展的水準決定的，而並不完全是本人的意願。

以上的描述，也許每一條都有似是而非的感覺，為了更確定自己的職業定位，可以嘗試以下方法。首先拿出一張紙，仔細思考以下問題：

· 你在國高中、大學時投入最多精力的是哪些方面？

· 你畢業後第一個工作是什麼，你希望從中獲得什麼？

· 你開始工作時的長期目標是什麼，有無改變，為什麼？

· 你後來有沒有換過工作，為什麼？

· 工作中哪些情況你最喜歡，哪些最不喜歡？

· 你是否回絕過人事調動或升遷，為什麼？

然後根據上面五類職業定位的解釋，確定你的主要職業定位。

正如許多分類一樣，以上的分類也無好壞之分，之所以將其提出是為了使大家能更了解自己，並據此重新思考自己的職業生涯，設定切實可行的目標。

透過職業生涯設計，解決「我選擇做什麼」的問題。職業方向直接決定了一個人的職業發展，因而需加倍慎重。正所謂「男怕選錯行，女怕嫁錯郎」，選錯了領域，可能會毀掉自己本該有所作為的人生。可按照職業設計的「擇己所愛、擇己所長、擇世所需、擇己所利」四項基本原則，結合自身實際情形確定職業方向和目標。

最後，提供朋友們一個建議，人生成功的祕密在於機會來臨時，你已經準備好了！機遇對於任何人來說都是平等的，千萬別在機遇面前說抱歉！

選擇適合自己的工作

美孚石油公司人事經理保羅‧波恩頓，在過去的 20 年中，曾面試過 7.5 萬名應徵者，並出版過一本名為《獲得好工作的 6 種方法》的書。有人請教他：「現今的年輕人求職時，最容易犯的錯誤是什麼？」

「不知道自己想做什麼，」他回答說，「這讓人驚訝不已，想想看，一個人在選擇會影響自己未來命運的工作上時，花的精力竟然比購買一件穿幾年就會丟掉的衣服上的心思要少得多。這是一件多麼奇怪的事情，尤其是他未來的幸福和富足全部都依賴這份工作。」

如何解決這個難題呢？我們可以利用一下「就業輔導」，但請注意，他們也許可以幫你，也許會害你，這全然取決於輔導員的能力和素養。這個新的領域不過是剛剛起步，還遠沒有達到完美的程度，但其前景卻很光明。

透過這些就業輔導機構，你可以接受職業測驗，並獲得指導意見，但請記住，最終做出決定的應該是你，而且必須是你。需要進一步強調的是，就業輔導並不是絕對可靠的。因此，你應該多找幾個輔導員，然後綜合起來判斷他們提出的意見。

以下是編者提出的兩個建議，其中也有一些警告，供你選擇工作時參考：

第一，仔細閱讀並研究關於選擇就業輔導員的建議，這些建議是由最權威的人士提供的。

‧如果有人告訴你，他有一套神奇的方法，可以迅速指出你的「職業傾向」，千萬不要相信。這些人包括命理師、星相家、個性分析師、筆跡分析師，他們的方法並不靈驗。

· 不要相信那些幫你做一次測驗，然後馬上告訴你應該選擇哪一種職業的人。他們違背了就業輔導的基本原則，真正的就業輔導應該充分考慮被輔導人的健康、社會、經驗等種種背景情況，並且提供就業機會的各種具體資料。

· 找一位擁有豐富的職業資料的就業輔導，並在輔導期間充分利用這些資料。

· 一項完整的就業輔導服務通常要面談兩次以上。

· 絕對不要接受函授就業輔導。

　　第二，當你決定投身於某一職業之前，請先花幾個星期的時間，對這項工作做一個全面的認知和了解。如果想快速達到這個目的，你可以去拜訪那些在這個領域做過 10 年、20 年或 30 年的人。與他們的對談能對你的未來產生深遠的影響，對於這一點我深有體會。在我 20 多歲時，曾針對職業問題請教過兩位老人，從某種意義上講，那兩次對談可以稱得上是我生命中的轉捩點。事實上，如果沒有那兩次會談，我的一生將會變成什麼樣子，實在是難以想像。

第五章　化解內外的困惑

　　一直以來，人們都把愛情捧上神壇，卻將婚姻踩到腳底下。關於愛情的美好，藝術家們用盡了天下最美好的詞語。對於婚姻，說得狠點的是「婚姻是愛情的墳墓」、「婚姻是人生的火炕」，說得有哲理的是「婚姻是一座圍城：城外的人想衝進去，而城裡的人想擠出來。」

　　面對婚姻的圍城，無論是想衝進去還是想擠出來的人，都把婚姻當成解決自己人生問題的一個手段。以為透過結婚或者離婚就能讓自己過得幸福，但最終發現，城裡有城裡的麻煩，城外有城外的苦惱，哪裡都不是完美的天堂。

　　假如你選擇單身，不要是因為對異性和感情失望。出於失望而單身者，依然會被感情困擾、被寂寞煩惱。單身需要意志的堅定和心靈的強大與獨立，並不比結婚更容易做到。如果你發現自己渴望家庭的溫暖，願意接受責任的約束，那麼就要對感情和婚姻抱以積極的態度。不要盲目的因為浪漫熱情或者實用目的而進入婚姻，應該尋找和自己的性格能夠互補並且支援自己人生理想的人攜手相伴。

　　在一齣電視連續劇裡，一對夫妻在結婚的「十年」中：第一年，男人和女人結婚了；第二年，他們有孩子了；第三年，為了幫他們帶小孩，媽媽來了；第四年，失業了；第五年，為了生存下海做生意，出事了；第六年，總算是有點錢了；第七年，丈夫「在外頭有人了」；第八年，分居了；第九年，破產了；第十年，在那幢曾裝滿他們愛情的、即將拆除的公寓大樓裡，兩人又重逢了……也許並不是所有的婚姻都是如此，畢竟「幸福的家庭都是相似的，不幸的家庭各有各的不同」。

　　必須承認：婚姻不是什麼太好的東西，至少沒有愛情那麼唯美。但我們放下高談闊論面對生活的時候又會發現，沒結婚的人大多湊成對談戀愛，盼著早結美滿良緣；結了婚的生兒育女、買房購車，小日子過得有滋有味，在「墳墓」和「火坑」裡待得好好的。當然，也有占婚姻總數 10% 的人離婚了，但仔細一想，這是婚姻本身的錯嗎？

辦公室戀情，想說愛你不容易

　　在一家貿易公司上班的白領杜娟最近陷入了一場辦公室戀情。隨著兩人感情的升溫，他們在甜蜜之餘不由得有些恐慌。他們既不願放棄對方，又怕

因辦公室戀情而導致其中一方失去工作。

十步之內，必有芳草。雖然上班一族生活圈狹窄，容易跟同事日久生情，但從多方面考慮，辦公室戀愛還是要盡量避免。

不是怕被同事取笑，那是小事而已。打得火熱的戀人，恨不得馬上公開關係，任由人家指指點點，將自己的甜蜜分享出去。只是辦公室內有太多的利益關係，容易讓愛情參入雜質。情侶一同工作會引來很多不便、尷尬，又會因工作上的意見分歧而影響感情，公私不分，徒生枝節。

日夜相見表面上是好事，實則處處被人監視，一舉一動都不自然。有時候，男人讚美女同事的新髮型，本來是很不錯的人際潤滑劑，但被女朋友看見了，一場酸風醋雨就會來臨。

所以，辦公室戀情常常導致工作倫理的扭曲和破壞，一旦有了瓜葛，往往後患無窮。曾經聽人說過這樣的一句話：「男歡女愛是辦公室裡不可缺少的『道具』。」

你可能會對這樣的論調不予苟同，不過，自從有了辦公室，並且將不同性別的男女共聚一室一起工作以來，彼此互相仰慕的辦公室戀情便開始流行。

沒有人能否認，辦公室的確是容易培養戀情的極佳空間。假如名花無主的她有幸目睹一位瀟灑的男士工作起來幹練、自信的模樣，很難不對他產生傾慕；同樣，如果血氣方剛的你看到一位儀態優雅、容貌秀麗的女士坐在你對面，恐怕也很難不對她心神嚮往。

雖然人人皆知辦公室戀情絕對存在，但奇怪的是，這類事情的結局大多是只開花不結果，常常最後不歡而散。而且，男女當事人動不動就變成眾矢之的，公司裡負面的批評永遠大於正面的肯定。如果兩個人都是單身，情況還稍微好些，假如其中一個已婚，那局面就複雜多了！一旦對方家屬鬧起來，保證讓你的風流韻事滿世界的飛。

此外，辦公室戀情容易受到質疑，主要是因為有違工作倫理。因為，「公

平、公正、客觀」很可能會在兩人的私人關係中被質疑。

你或許會不以為然的反駁：「自己可以不受私情影響，絕對可以做到公私分明。」不過，到了那個時候，戀情是否真的會影響工作精神與辦事能力，通常已經變得不重要了。重要的是，周圍的同事與上司究竟如何看待這件事，因為，他們總是把自己認定的標準當成真正的事實。

一般而言，多數公司都不喜歡內部出現任何形式的男女關係（在外企工作的白領尤其忌諱），老闆不會欣賞那些沒有把精力全部放在業務上的人。很多公司甚至明文規定禁止員工談戀愛，任何觸犯禁忌的人都要被迫換工作。某些作風開明的公司，則規定在工作位階上不得為直屬關係，萬一真的遇到這種狀況，其中一人必須調到其他部門。

此外，萬一兩人的愛情不幸破裂，關係惡化了之後，最大的壞處就是一旦分手就非常尷尬。跟同事談戀愛，分手後仍然被迫見面，是很不人道的一件事。如果有人事後到處張揚、說壞話，那就會影響自己的飯碗。

管理專家指出，辦公室戀情之所以危險，主要是受限於工作場所的政治性和人際關係的結構。辦公室畢竟與在家裡不同，在強調階層和地位的辦公室裡談戀愛絕對是危險的。人際關係專家歐文・愛德華（Owen Edwards）提出警告說：「辦公室愛情比辦公室政治更需要高明的技巧、冷靜的頭腦，否則無法保得百年身。」

假如你已經陷入了辦公室戀情

有道是：愛我所愛，無怨無悔。雖然是生長在辦公室這樣一種崇尚理性與效率的土壤裡、這樣的戀情被打上更多的問號，但愛情還是防不勝防降臨在你的頭上。如果有一天，你和你的同事墜入了愛河，該怎麼辦呢？

首先，你需要慎重考慮：你喜歡對方哪一點，是因為他外貌吸引人；還是因為他工作的樣子吸引你？如果你不能保證自己對他能有全方面的了解，那麼，還是慢一點行動的好。想一想，萬一所託非人，丟了心，又丟了工

作，怎麼辦？

倘若是真心相戀，相戀之初盡量不要使戀情曝光。兩人可以相互提醒對方，別在辦公室裡談戀愛，把保密措施做到最好，爭取不留任何蛛絲馬跡，也就沒有後顧之憂。

熱戀之中的男女，總是會有一些甜蜜的舉動。不過你們在辦公室中絕對不要眉來眼去、打情罵俏，盡量保持如以前一樣正常上班的狀態。就算你們的戀情已經公開並幸運得到了公司的允許與同事的祝福，你們也不要做出這樣的舉動。

一般來說，辦公室戀情較難得到老闆的認可。如果這段戀情對你很重要，而這份工作對你也同樣重要，兩者之間很難取捨，而戀情又不可能永久處於「地下工作」，總會有結婚的那一天；這個時候，建議可以和老闆主動溝通，申請調換部門或調至其他不會因為你們的戀情而影響工作的職位。這種方式遠比老闆開除你們其中一個要坦誠、主動得多。也許有人會認為戀愛自由、婚姻自由，老闆無權因為兩人的戀愛與結婚而開除人，但事實上，老闆要一個人走，不用「炒」的方法，變相「趕」走一個人是很容易的。因此，你必須掌握主動權，力爭老闆的幫助。

如果老闆最終無法幫你，你們就該商量誰要犧牲自己的工作轉職了。關於誰去誰留的問題，也可以和老闆坦誠商量。因為老闆留下的人，相對來說更有發展前途。在這個問題上，走的一方必須走得無怨無悔，有人為愛情可以付出生命，而你僅僅是付出一份手裡的工作而已（或許還有更好的工作在等著你）。你的代價不大，應該為有一個愛人而高興，而不是為失去一份工作而傷心不平。

如果兩人的戀情不幸生於辦公室、死於辦公室，無論是誰對誰錯、誰負心了，任何一方都應該保持基本的禮貌，打消報復對方的念頭。在分手之後，對同事喋喋不休批判昔日戀人的人格或是他（她）的工作，都會讓人覺得你是一個徹頭徹尾的失敗者。即使你在心裡面詛咒了對方一萬遍，只要你待

在公司裡，就必須做到對他（她）禮貌而客氣。就算他（她）離開了公司，你也不能在公司同事面前表現出一副怨夫、怨婦的樣子。否則，你得到的只會是別人的鄙夷。

所謂失戀，就是和不適合你的人分手

「他從來沒有真心愛過我，只會逢場作戲，欺騙我的情感……」一位剛失戀的女孩眼淚汪汪對諮商心理師訴說男朋友的種種惡行。

「別太難過了。」諮商心理師安慰她說，「這也算不幸中的大幸，他離開你是因為不再愛你；試想：如果他不離開你，你就要和一個不愛自己的人結婚甚至生活一輩子，你不就更慘了！」

「也是，」那個女孩回道，「但失去了一份感情，我總不甘心！」

諮商心理師說，「一段欺騙的情感、一場沒有愛的婚姻、一個沒有幸福的未來，你認為你能從中得到什麼？」

受害者的特徵之一，就是無法認知到事情雖有不幸或糟糕的一面，但也有好的一面。

失戀就是與一個不適合你的人分手 —— 不管是你不適合他、還是他不適合你，都是不適合，那有什麼不好？

再找一個更適合你或更愛你的人，不是更好嗎？

現代愛情要有心理彈性

「說到底，愛情是超越成敗的。愛情是人生最美麗的夢，你能說你做了一個成功的夢或失敗的夢嗎？」這是某位知名作家的話，無論我們的愛情是什麼樣子，用這句話來鼓勵和安慰自己都不失為聰明之舉。

現代的愛情似乎處於速食時代，一些仍抱持傳統思想的人，要想在現代愛情中遊刃有餘、進退自如，就需要提高自己的愛情智商。曾有個專欄為讀者列出了以下 7 條建議，我們摘錄如下：

相信愛情，但不迷信愛情

天長地久、海枯石爛的愛情或許是存在的，但期望它能超越一切，是不現實的。愛情可能隨時間的變化而變化，它的消亡不一定意味著失去生命的全部。對愛情有這樣的認知，可以使我們不迷信愛情，也就不容易受傷絕望。

能進也能出

投入的時候可以忘我，有個結局時該讓理性站出來，不論這個結局是婚姻的開始還是愛情的結束，唯有這樣才能掌握愛情的主動權，不在感情中迷失。所謂「該放手時就放手」。

主動和理性的姿態

守株待兔等待愛情，一定會錯失很多機會，但盲目搶奪愛情，則會損人不利己。以主動的姿態，有自信的追求愛情，敞開心胸，便會擁有愛情，而不會讓愛情因自己不當的追求而被葬送。

具有愛的能力

愛的能力包括付出的能力、理解的能力、寬容的能力和自我承擔的能力。不要指望愛人會為我們分擔一切，很多東西我們仍然需要獨自面對；付出比索取對愛情更有益，也使自己更快樂；寬容對愛情有出乎意料的效果，用要求、指責、懇求都達不到的目的，寬容也許可以奏效。

保持一點心理彈性

享受愛情的親密，接受愛人的疏離，鬆和緊都能悠然掌握。擁有的時候要珍惜，失去了就趕快轉彎，不必沒完沒了追悼過去，相信新的愛情就在前方。

了解一點戀愛心理

似可得又不可得的狀態下，感情極易升溫，利用這一點可以強化愛情氣氛；製造一點小障礙，會使愛人鬥志更高昂；愛人遇到挫折，最需安慰；新鮮的花樣永遠是愛情所需。諸如此類，不一而足，用得好，會形成良性的互相激勵循環。

有一點經濟基礎

雖然麵包和愛情不一定成正比，但有一點經濟基礎絕對有益於愛情的健康生長，不食人間煙火的愛情很難長久。

站在成熟的階梯上做出選擇

為什麼有的人不能第一次戀愛就成功？

人生是個漫長的旅程。在這個旅程中，人們大多都要經歷若干級人生階梯。這種人生階梯的更換不只是職業的變換或年齡的遞進，更重要的是自身價值及其價值觀念的變化。在「又升高了一級」的人生階梯上，人們也許會以一種全新的觀念來看待生活、選擇生活，並用全新的審美觀念來判斷愛情，因為他們對愛情的感受或許已完全不同了。

這種情況在某些影星的生活中常可見到。英格麗‧褒曼（Ingrid Bergman）在其自傳《我的故事》中敘述了自己三次選擇伴侶的始末。她的初戀在當時的情境下也是一次令人滿意的戀愛。然而，這位天才少女的奮鬥征途和她的價值觀是同步成長的，當她蜚聲影壇時，褒曼才找到了她的生活定位和人生價值：她完全成熟了。因而，她水到渠成做了第二次選擇：與同行羅伯托（Roberto Rossellini）結合。這次選擇，對於超級影星褒曼來說，應該說是合情合理的。儘管生活迫使她做了第三次選擇，她的女兒曾斷言母親「不善於選擇丈夫」，但褒曼一生的愛情光環都圍繞著與她志同道合的羅伯托。

這種人生的「階梯性」與戀愛心理中審美觀的變化關係，在許多歷史偉人的生活中也可看到。比如歌德（Johann Wolfgang von Goethe）、拜倫（George Gordon Byron）、雨果（Victor Hugo）等，他們更換的鍾情對象往往表現了他們對理想的痛苦探求，與現實發生衝突所引起的失望，和試圖透過不同的人來實現自己理想形象中某些特點的結合。

雖然更換鍾情對象有時是可以理解的，但是，這種選擇為人們帶來的痛苦也是顯而易見的。因而人們應該盡可能在較成熟的階梯上做一次性的選擇。那種小小年紀便將自己束縛在某一個異性身上的做法，顯然是不可取的。

頻繁的吵架，感情朝冰點邁進

所有關於王子與美麗女孩的童話，都在他們終於結合在一起而戛然停筆。美麗曲折的愛情一旦變成瑣碎無趣的生活，連最高明的作家都覺得難以下筆。王子和美麗女孩「快快樂樂生活在一起」，他們也會吵架嗎？我想答案是肯定的。

從不吵架的夫妻大概比大熊貓還稀少。不少婚姻走向破裂，就是雙方在無休止的吵架中共同導致的。

結婚三年的劉薇近來就為她和丈夫的頻繁吵架而苦惱不已。他們之間的吵架越來越頻繁，為了一件小事就吵得天翻地覆。沒有人喜歡吵架，劉薇也是這樣，但她總是克制不住自己，而且一旦交上了火，雙方就迅速將衝突等級升高，有時甚至上演全武行。劉薇不願意她的婚姻在一次又一次的吵架中逐漸破碎，她希望找到一個挽救婚姻的方法。

俗話說：勺子沒有不碰鍋邊的。恩愛夫妻也一樣，兩人共處的時間長了，難免會遇到不愉快的事，夫妻間總有相互頂撞的時候。如果你不想損傷對方的自尊心，你就必須學會說：「很抱歉！」「對不起！」「原諒我吧！」之類禮貌用語。

在日常生活中，我們有時會遇到這樣的情形：一些夫婦動輒發怒，事後又不分析原因，不設法解決。對此，其配偶頗有微詞，並稱之為婚姻上的「慢性自殺」。而他們則認為，一味忍耐，不發生任何口角和衝突，夫妻關係就會好。這樣表面看似乎平靜了，實則已走向了另一個極端。回頭看看他們的二人世界，關係的確「好」，但他們之間卻不會溫暖和體貼，不會經常有愛情的火花迸發。因為他們忽略了這樣一個事實：所有的家庭都存在著一定程度的矛盾，你的配偶也許不會每時每刻都對你充滿柔情蜜意，但彼此希望滿足某些要求是合理的——只要這些要求不苛刻就行。正確的做法應該是，既了解到偶爾的生氣和衝突是一種正常現象，又注意保護你應該具有的「權力」。

夫妻吵架無輸贏之分，誰是誰非不可能明明白白。有時只不過是做某一個「選擇」，而這個「選擇」往往來自一方的讓步。

吵架也有藝術

懂得吵架的藝術，夫妻就能雖吵猶親，愛情的紐帶也將越來越緊。怎樣才能做到這一點呢？

允許對方偶爾生氣

如果你了解彼此間愛慕的一對夫婦，也不免會有嫉妒、煩惱和生氣的事情發生的話，那麼當這些情緒來臨時，你就不會驚惶失措，因為這並不意味著他或她已經「沒有感情」了。也許你的配偶是因為上司責備他的緣故而情緒低落，沒有向你表示纏綿之情，但即使這暫時的不快不是你的過錯，你也應該問：「親愛的，我做了什麼事惹你生氣了嗎？」如果回答是否定的，你可以再問：「那麼，我能為你分憂嗎？」如果對方不需要，你就不必打擾。要知道，這些問候是你給予的最好的安慰。

努力理解對方的觀點

我們時常可以看到，夫妻之間一旦產生了意見分歧，雙方都只顧著強調自己的道理，而不注意聽取對方的道理，這是使衝突加深的常見原因。這時，你應冷靜下來，思考對方的意見，若發現對方的觀點正確，你就應放棄你個人的意見，「在真理面前人人平等」，這樣，衝突自然不會加深。

心平氣和闡述個人的意見

耐心聽取對方的意見後，如果仍然認為有必要把自己的觀點講清楚，以說服對方，則闡述時一定要心平氣和，盡量放慢語氣把自己的道理講清楚，即「曉之以理，動之以情」，不可把自己的觀點強加到對方身上，否則對方會產生反感，聽不進你的意見。

以冷對熱

以冷對熱的關鍵，就是你吵我不怒。在一方感情激動、控制不住自己的時候，任他發火，任他暴跳如雷，不去理他。「一個巴掌拍不響。」一個人吵，就吵不起來，等他情緒平緩以後，再和他慢慢說理，他就容易接受。

說話要有分寸

即使忍不住爭吵，說話也要有分寸，不能說絕情話，不能譏笑對方的某些缺陷，或揭對方的「傷疤」。更不能在一時氣憤之下，破口大罵，不計後果。比如有的人吵架時言語不留餘地：「你是不是問得太多了？」「我要你怎麼幹就怎麼幹！」「你受不了可以滾」。等等，這種話咄咄逼人，很容易引發更大的衝突。

直接表達自己的期望

如果一方想表達自己某種強烈願望，最好直說「我想……」。比如妻子責怪丈夫好久沒帶自己去餐廳吃飯，她就不妨直說：「我今晚想到外面吃飯。」而不要說：「你看老闆每週至少帶妻子去一次飯店，而你呢？」

就事論事

為了那件事吵，談清這件事就行了，不要「翻舊帳」，上綱上線，也不要無限擴大。將陳年舊事一股腦翻出來，把一場架吵成幾場架，攪成一鍋粥，這是極不明智的做法。

不要以辱罵代替說理，更不能動用武力

夫妻之間之所以發生爭吵，主要是因為一方的觀點沒能說服對方。因此，想要使爭吵得到解決，唯一的辦法是都冷靜下來透過充分說理，使雙方的觀點達到一致。如果一方只求個一時痛快，採取簡單、粗暴的辦法，甚至不惜用辱罵、毆打的手段以制服對方，雖然暫時占了上風，卻可能在感情上造成更大的裂痕。

主動退出

不少夫妻在爭吵過程中，總有一種占上風的心態，就是都要以自己「有理」來壓服對方，結果誰也不服誰，反而越說越有氣。其實，夫妻之間的爭吵，通常沒有什麼原則問題，許多是是非非糾纏在一起，也不易分清，特別是在頭腦發熱、情緒激動時更不易講清。如果爭吵到了一定時間和一定程度，發現這樣下去還不能解決問題，那麼有一方就要及時剎車，並告訴對方休戰了。這並不是屈服、投降，而是表達冷靜和理智。比如可以用幽默打破僵局，或者乾脆嚴肅的說：「我們暫停吧！這麼吵也解絕不了問題，大家冷靜點，以後再說。」之後，任憑對方說什麼，也不再搭腔。

性格不同，衝突如何化解

小敏和張兵戀愛時，雙方都對彼此非常滿意。他們相處得很融洽，各自暗暗慶幸自己找了一個志同道合的好伴侶。誰知結婚不久，兩人就不那麼合拍了。原因何在？性格不同。小敏是一個急性子，而小張是一個慢性子。小敏看不慣小張的溫溫吞吞，小張受不了小敏的風風火火。

戀愛時，雙方所表露出來的性格差異往往並不明顯。這通常不是有誰在故意欺騙隱瞞，而是雙方在荷爾蒙的刺激下無意間心甘情願迎合與遷就對方。結婚後，荷爾蒙回歸正常濃度，本性方才各自暴露。加上雙方在戀愛時，透過「愛情」的眼鏡，對方的缺點往往可以成為優點；而結婚後，缺點終歸還是缺點。

性格不同的夫妻，在性情、愛好上有一定的差別，摩擦是不可避免的。有些性格不同的夫妻，常為他們的性格不同而苦惱。因為他們都認為自己的性格更好，而抱怨對方的性格「不好」，並為此經常發生爭吵，影響了夫妻感情。因此，私下後悔的說：「當初，我真不該找了一個這樣性格的人！」夫妻間性格不同是正常的，也是非常常見的現象。性格不同也不一定會影響夫妻感情。現實生活中，夫妻性格迥異而感情融洽的不是大有人在嗎？前蘇聯心理學家巴夫洛夫（Ivan Pavlov）把人的高級神經活動類型分為 4 類：A. 興奮型；B. 活潑型；C. 安靜型；D. 弱型。按他的觀點，各種性格組成的最佳方案應是 A － C、B － B、A － D。如果是 A － A 兩個急性子的人，難免常常發生唇槍舌戰，甚至大動干戈；如果是 D － D 型，兩個人性格都內向，不喜言談，家庭中就會沒有活力，死氣沉沉。所以，夫妻性格不同，有時倒會優缺互補，剛柔相濟，家庭可能會更和諧、更穩定、更有生氣。

其實，性格相近的夫妻也不見得都相處融洽。兩個急性子就一定會融洽相處嗎？說不定兩個急性子的脾氣都火爆，一有點衝突就起火花，一有點火星就爆炸，這種局面還不如性格不同呢。

揚長避短，異質互補

只要我們仔細觀察一下自己周圍熟識的夫妻們，就不難發現：不少性格迥異的夫妻，卻相處得很好。

首先，夫妻雙方對性格要有正確的了解，要互相尊重對方的性格。性格是人對事物所表現出的，長期的、比較穩定的理性和情感傾向，並不像於品

德一樣有優劣之分。不同性格各有不同的長處或短處。比如，急性子性格大多直爽，容易相處，但容易發火，發起火來，可能讓人忍受不了。相反，慢性子大多態度和藹，容易相處，辦事講究品質，但速度較慢。性格外向的人則多活潑開朗，而性格內向的人則穩定、深沉。真是各有長短。

其次，夫妻各自要朝揚長避短、異質互補的方向努力。有了正確認知之後，要主動容納對方，並且在家庭生活中應該發揚雙方的長處，避開短處。比如，讓善於交際的一方主外；做事心細的一方理財。夫妻雙方的經歷、興趣和脾氣不同，可以稱為「異質」，異質可以互補。急性子與急性子，慢性子與慢性子，雖然性格一致，但鬧起矛盾來，前者可能鬧得「山呼海嘯」，後者則會鬧得沒完沒了不見晴天。相反，急性子慢性子相配，如能注意互補，往往會剛柔相濟，急慢相和，動靜相宜，進而相得益彰。

人的性格形成固然有其生理基礎，一般來說是很難改變的。但在家庭、學校、工作、經歷等現實生活中，環境對性格的形成和變化有著潛移默化的修正與完善作用。一對夫妻共同生活十幾年、幾十年之久，在這漫長的時間裡，相互幫助，相互影響，每個人負面的性格在一定程度上會得到克服，正面的性格也會培養成功。當然，最重要的還是夫妻間不斷加深感情，這是減少夫妻衝突的最好辦法。

七年之癢到三年之痛，婚姻的保鮮期越來越短

據說愛情只有 18 個月的保鮮期，而婚姻在七年左右最危險。婚姻所謂的「七年之癢」，指的正是婚姻在七年歲月的打磨下黯然無光。七年的時間裡，隨著夫妻雙方的熟悉使各自魅力大減，浪漫與瀟灑隨著生活的壓力而喪失殆盡，婚姻終於進入一個稱之為「玻璃婚」的危險期。

「七年之癢」本來的意思是說許多事情發展到第七年就會不遵從人的意志出現一些問題，套在婚姻上竟然十分合適。結婚久了，新鮮感喪失，從充滿浪漫的戀愛到實實在在的婚姻，在平淡的朝夕相處中，彼此太熟悉了，戀愛

時掩飾的缺點或雙方在理念上的不同此時都已經充分暴露出來。於是，情感的「疲憊」或厭倦使婚姻進入了困境，如果無法選擇有效的方法打破這一困境，婚姻就會終結。

從人的成長角度來講，大多數人是在婚姻中實現自身的成長。戀愛的時候對自己的了解和掌握還不清楚，更不知道自己需要什麼樣的配偶。隨著婚齡的增加，尤其是許多家庭撫育幼兒之後，育兒任務的繁重和教育理念的差距，使婚姻中長期積累的衝突慢慢凸顯。加之雙方人生發展軌跡的不同，造成實力的懸殊和共同語言的減少。婚姻專家指出，最大的離婚理由，不是婚外情，而是夫婦二人不能配合，不能再生活在一起。從溝通的方式來講，有句俗話「熟人不講理」，夫妻間的關係太熟了，往往會忽略配偶的需要，不再選擇表達的方式，在表露自己情感的時候不加掩飾，很多情況下會傷及對方。孩子出生之後，母親的情感全部遷移到孩子身上，冷漠成了雙方情感的癥結，彼此的負面情緒相互渲染，使家庭氛圍緊張。

有專家為正身陷七年之癢困境的夫婦們提供了三招，現摘錄如下。

第一招：為婚姻鬆綁

親密無間，是很多夫妻追求完美生活的最高境界。但有時，適當的親密有「間」，反而會讓婚姻進入良性發展空間。

李勇和柳眉結婚六年，即將步入第七個年頭。兩個人常常會為了一點芝麻綠豆大的小事爭吵不休，一旦吵起來，雙方都寸步不讓。

一次，李勇到外地出差，要出門兩個月。結婚以後，他們從沒分開過這麼久。李勇走後，柳眉鬆了一口氣，覺得自己終於可以安靜一段時間了。結果還不到一個月，柳眉就開始無法自控的想念李勇。他們之間的電話越來越頻繁，每次通話時間也越來越長。他們居然有了當年戀愛時的感覺。將近七年的婚姻，讓他們彼此成為了對方的左手，存在時感覺沒有多大用處，但當左手無法使力時，他們意識到了左手是如此的不可或缺。

如今，他們會從一年中騰出一個月的時間，讓彼此放個假，為婚姻鬆綁，讓對方喘口氣，也讓婚姻喘口氣，然後再攜手繼續走下去。

柳眉覺得這種方式非常適合婚姻生活，因為如今正處在七年之癢中的他們，感情反而比原來更好了。李勇也感嘆，在一起雖然沒有特別的感覺，但分開後竟然還有著絲絲縷縷的牽掛。

第二招：幫愛情加點油

愛情是婚姻的保險。而愛情如同一盞油燈，如果長時間不加油的話，光亮會愈來愈微弱，甚至熄滅。

大劉和小珊結婚八年，感情一直很好，他們的婚姻保鮮絕招是：時常幫愛情加點油。大劉的工作非常繁忙，但他總會抓住機會為妻子做些不起眼的小事。早上，小珊還沒睡醒，大劉就要準備上班了。他會順手幫小珊把刷牙杯子倒滿水，在牙刷上擠好牙膏。這件事雖小，但卻讓小珊一天都在欣喜中度過，因為老公心中有她，就已經讓她很滿足了。

大劉有時需要加班，很晚才回來。他一回到家裡，小珊就會接過他手裡的公事包，並為他泡好最喜歡喝的龍井茶。當大劉坐在沙發上休息時，小珊會幫他做些簡單的按摩以緩解疲勞。雖然都是一些小事，但小事也可以見真情。

婚姻生活本來就是由瑣碎的小事情組成，驚天動地的大愛只有在遭受巨大的變故時才能有表現的機會。所以每天請為對方做一件小事，讓對方感覺得到你是他（她）生命中最重要的人，值得他（她）去珍愛和牽掛。用愛和溫暖去為婚姻投資，你得到的回報將十分豐厚。

第三招：幫婚姻滅一滅火

人在憋了一肚子怨氣時，情緒就「上火」了。情緒「上火」若不及時滅火。肚子裡的怨氣累積多了，總有一天會爆發，一場大戰終導致兩個人的關係惡化。

當你對愛人有什麼不滿，當然最重要的是容忍。不過在容忍到一定限度時，不妨向對方提提意見。當面提或許會導致吵架，那麼就換一種間接的方式。例如，用留紙條或發電子郵件的方式，「控訴」對方。用這種間接的方式，有助於雙方避免情緒化的對立。

夫妻之間的交流與溝通，有很多種方式，而吵架是最笨的辦法。如果一段婚姻長期「上火」，總有一天會著火。所以為婚姻找一個正確的發洩管道是十分必要的。

七年之癢變為三年之痛

據婚姻調查的資料顯示，生活在都市裡的夫妻，七年之癢正朝三年之痛發展。生活的節奏在加快，婚姻的變化也跟上了這個潮流。

一名男子有天晚飯後，正在家裡看電視，不知結婚三年的太太在一旁嘮叨些什麼，他專心盯著電視，不去理會。

這時太太突然一下子站了起來，開始在客廳裡翻箱倒櫃找東西，找著找著，逼近了他身旁，甚至把他坐著的沙發墊也翻了過來。

這下他實在忍不住，便開口問：「你到底在找什麼？」

她說：「我在找我們感情中的浪漫，好久沒看到了，你知道它在哪嗎？」

這個回答既幽默又令人心疼，也道出了許多老夫老妻心中的無奈。

在一起久了，感情的確穩定下來，但風味似乎也由濃烈轉為清淡。原先的熱情不在，猛一回首，才驚覺自己手中一路捧著的愛情之花早已如風乾的玫瑰，變調走味多時。

演藝圈不時傳出花邊新聞，不時有愛情長跑多年的銀幕情侶宣布分手，而普通的你我也常聽到周圍朋友分分合合的消息此起彼落，不禁讓人擔心，愛情是否真是無常。

其實對待愛情，就應該如同照顧魚缸中的熱帶魚，必須常常換水以保新鮮，這樣五顏六色的熱帶魚才能自在、順心的搖擺出絢爛的生命力。

美國心理學家安潔莉絲有個不錯的建議，她把它稱為「親密大補帖」，是一個三乘三處方，亦即一天三次、一次三分鐘，主動對另一半表達你的愛意。

每天的三次分別在什麼時間進行比較好呢？不妨試試早上下床前、白天上班時以及晚上就寢前。

早上睜開眼，先別急著下床，可以抱抱另一半，享受跟心愛的人一起睡醒的溫暖；還有，在白天找個時間打三分鐘的電話，告訴對方你正想著他；另外，晚上臨睡前，更該花些時間相互表達濃情蜜意。

這個做法非常合乎快樂感的原則，因為快樂感不能一曝十寒，而是源於隨時產生的小小成就感累積後的效應。

把你的愛情當成魚缸中的熱帶魚，使用三乘三「親密大補帖」來細心照料，你會發現，你的愛情將能永保新鮮。

外遇，插在受害者心頭的一把刀

愛人外遇，這是人生一大痛苦。多少花前月下的甜言蜜語，多少斬釘截鐵的山盟海誓，到頭來都如泡沫般破滅。

倘若對他（她）沒感情倒也罷了，順水推舟好聚好散。倘若夫妻雙方仍有感情，受害者往往容易會在痛苦之中做出一些極為不理性的行為，造成令人唏噓的家庭悲劇。

愛情的大廈還有基礎嗎？如果有，那麼就應該馬上採取加固措施。

保持冷靜

是真的嗎？許多情況下，所謂愛人有了外遇，無非是一些捕風捉影的謠言，你需要冷靜辨別。如果這些都是真的，要保持冷靜的確很困難。心中的憤怒與痛苦如高溫的岩漿，隨時都想爆發出來。但這時你仍要努力讓自己冷靜下來。許多因外遇而破裂的家庭，就是因為受害一方不冷靜而造成的。這

種不冷靜，男方一般表現在「武力」上，找「第三者」算帳，找妻子用拳頭出氣；女方則表現在「一哭二鬧三上吊」上。這些撕破臉皮的做法，如同破罐子破摔。

查找原因

是什麼原因造成對方外遇？要試著從自身找原因。是不是自己忽視了他（她）？是不是他（她）只是一時糊塗？如果問題出在自身，就要主動改正自己的缺點。

耐心勸導

用最真摯的感情、最善意的規勸，回憶甜蜜的過去，展望美好的未來。用豁達大度與通情達理去呼喚那隻迷途的羔羊。

如果自己勸導不成，也可以找值得信賴的長輩、親戚、朋友，請他們提供意見，但注意一定要找值得信賴的人，不要隨便與三姑六婆似的朋友訴苦，他們在無意之中可能將你家的問題傳播出去，以至弄得四鄰皆知，不但不能給你任何幫助，反倒為你增加一層來自社會的壓力。因此，應避免無謂的訴苦或說氣話方式發洩。找可信賴的人共同商議解決問題的辦法，才是上策。

最後，如果一切努力都沒有什麼效果，對方仍然一意孤行，那麼也只能選擇分手。這時，一定要記住好聚好散。也許，美好的人生會在不遠處等待你。

妻子「紅杏出牆」的徵兆

妻子「紅杏出牆」，是一個男人心目中最大的恥辱與悲哀。有的丈夫對於妻子已經移情別戀毫無察覺，甚至一直戴著綠帽子而不自知。其實，身為丈夫，絕對可以從一些細微的變化中洞察妻子的婚外戀情，這些跡象的發生是有階段性的，只要丈夫認真觀察，就能發現徵兆。

第一階段：妻子抱怨丈夫對她關心不夠

有時由於丈夫工作繁忙，疏於與妻子培養感情，使妻子抱怨丈夫對她的關心不夠，雙方時常發生爭執。

第二階段：雙方彌補感情成效甚微，妻子喪失希望

夫妻之間發生爭執後，雙方應該會努力共同尋求彌補裂痕，但由於丈夫還是一心在工作上，使妻子對他失望。

第三階段：丈夫繼續忽視妻子，妻子注意新的男人

由於妻子的失望，妻子不再與丈夫爭吵，而丈夫以為情感度過了危機，還是繼續投入到工作中。而妻子則擴大交際圈，結識新的男性。

第四階段：妻子背著丈夫偷情

妻子開始與新的男人發生婚外情，多次幽會，她雖有罪惡感，但頗覺刺激，並認為情感上有了慰藉。但這時丈夫只覺得妻子舉動有異常，並沒有懷疑妻子不忠。

第五階段：丈夫開始猜疑，妻子無所適從

當妻子的婚外情愈演愈烈時，丈夫開始逐漸對妻子產生猜疑，妻子由這種雙重角色所產生的衝突中逐漸感到無所適從。

第六階段：丈夫掌握證據，妻子竭力解釋

隨著時間的推移，紙包不住火，妻子婚外情終於被丈夫掌握證據，妻子由於覺得對不起丈夫，會竭力辯解，而丈夫卻因這些辯解而更加生氣，怒火中燒，兩人情感裂痕加深。

妻子「紅杏出牆」，基本上由這 6 個階段構成，當然也有少數是呈跳躍式的發展。明智的男人，在這些徵兆剛剛出現時，會及時和妻子溝通，努力化解兩人的衝突，將婚外情消滅在種子階段或萌芽狀態。

丈夫外遇的訊號

「妻子是別人的好」，「家花不如野花香」；因此有些男人都有「不採野花，

活著白搭」的戲言。其實，很多不幸的婚姻就是由這種心態促成的。所以，及早捕捉丈夫的婚外情信號，對聰明警覺的妻子不啻一個考驗。

- 外表的變化：丈夫是否在一段時間內特別注意自己的外表，每天都刮鬍子，噴香水，用髮蠟，而且喜歡買新衣服新領帶。
- 不在家的時間變多：有一段時間經常加班、出差、應酬，經常晚回家，又不與妻子培養感情，卻急著打聽妻子的作息表，這就是在安排與情人約會的時間。
- 陌生電話：家裡經常有奇怪的電話，你去接時往往不出聲或說打錯了，丈夫接時就明顯變了臉色。丈夫有時會避開你打電話，或在你進屋後馬上掛斷電話，很不自然。
- 性格變化：丈夫突然對你橫眉豎眼，十分冷淡、嚴厲。
- 活動增加：經常對你說出去參加聚會、游泳、打球，又不讓你一起去。
- 開銷突然增加。
- 有間接的證據：衣領上有口紅印或衣服上有長髮，身上有莫名的香味，被朋友看到跟陌生婦女親熱等。

上述徵兆若連續或同時出現，則表示丈夫可能有婚外情，應防微杜漸，及時採取對策。

尷尬的圍城中，選擇留守還是突破

這個世界上恐怕沒有誰是為了仇恨而相愛，為了離婚而結婚的，但是，走入圍城的男男女女們總是會發出「相愛容易相處難」的感嘆。有時，家似乎變成了一個沒有硝煙的戰場，夫妻如對峙的兩軍。身處尷尬的圍城當中，你選擇留守還是突圍？

小鳳是一位普通的中年女人，她所遇到的問題在社會上相當常見，聽聽她的故事，我們或許能有更多的體悟。

　　小鳳在國營企業上班，丈夫是政府機關的副局長，算是既有權又有錢。最近幾年，丈夫開始有變，經常找藉口很晚才回家，夫妻之間能談的話越來越少。後來，聽朋友說她丈夫在外面有了情人，她自己也曾在賣場看到丈夫和別的女人親密的樣子，她質問丈夫，可他一口否認，說她是沒事找事，自尋煩惱。此後他們之間的交流，大多是在吵鬧中進行的，丈夫甚至說：「你有本事也去找個相好，我不干涉，你也不用管我。」她真的沒想到同甘共苦近20年的夫妻，生活剛剛寬裕起來，就要面對丈夫的移情別戀，她不知該怎麼辦。如果離婚，沒有自己的房子可以住，女兒要考大學，怕情緒受影響，再說，明明是他的過錯，為什麼自己要承擔離婚後的經濟壓力？有20年的感情基礎，她仍希望他回心轉意，使家庭穩定；但是如果不離婚，心態和感情上又不能接受，她說她的仇恨在增長，兩人見面，不是視而不見，就是冷嘲熱諷，有時她覺得如果丈夫出了意外而死掉她都不會傷心。對她來講，婚姻主要是一種生存所需，她無法放棄，忍耐已成為一種習慣。

　　生活中還有很多像小鳳這樣的人為了房子、孩子等實際問題，寧可心碎，也捨不得家庭破碎，守著徒有虛名的婚姻，在爭鬥和吵鬧中度日。

　　有的女人不願意「只共苦，不同甘」，不甘心離婚後，將丈夫這個「成熟的桃子」讓給別人，便努力降低對丈夫的期望值，重新面對自己的生活，等他迷途知返的一天；有的女人以其人之道還治其人之身，丈夫怎麼做，她也怎麼做，婚姻似乎給了他們彼此傷害的權力；有的女人對前途有信心，堅絕不能忍受背叛的感情，重新選擇生活……。

　　或許，只有到結束的時候，人們才會去回味、反思，面對婚姻、感情、生活、房子、孩子、金錢等問題，雖然人都會有各自的考慮和選擇，但種種不幸，並不完全是因為生活開始變得相對富裕而來的，更主要的原因是人們還沒有學會在生活越來越好之後，如何心平氣和面對感情和婚姻。

　　在生活走向富裕的旅途中，確實有「錢多了，情淡了」的情況，更重要的是，現代婚姻觀念裡，人們更強調的是感情品質，是兩情相悅，這使愛情和

婚姻在開放的、多變的社會中多了變數，增加的未知性和不安定性是以往的階段所不能比擬的，「感情基礎」已不僅只用時間來衡量，而有了更多的精神內涵，要不要擔起承諾在婚姻的這條船上同舟共濟，許多人正面臨選擇。

大多數婚姻屬於可忍可過型

有人曾把婚姻分為四種：可惡的婚姻、可忍的婚姻、可過的婚姻和可意的婚姻。第一種因為其品質的低劣讓人忍無可忍，絕對是要分開的，而最後一種則是一種理想，我們常用一個詞來形容：神仙眷屬。但這種婚姻就像一見鍾情的愛情，可遇而不可求。我們的婚姻，大多是可忍或可過。它當然是不完美的，有缺陷的，讓人心酸而無奈的，繼續下去不甘心，放棄又有太多的牽絆。它是我們心頭的一個刺，隱隱痛著，又拔不去。

放棄可惡的婚姻能輕易為自己找到足夠的理由，並因此獲得勇氣。但放棄可過、可忍的婚姻，則需要一點破釜沉舟的果斷，當然，還要有一些賭徒的冒險精神 —— 誰知道，這是給自己一個機會，還是把自己逼向更危險的懸崖。許多離了數次婚又結了數次婚的人，還是沒有尋找到他們理想的生活，這樣的局面讓他們沮喪，甚至沒有再試一次的勇氣。

據說，現在某些離婚者不需要什麼理由了，如果非得為自己找理由，那或許是：我們在一起，沒有感覺。這是一種非常曖昧的說法，也許，在我們看來，他們的婚姻至少是風平浪靜的，是可以心平氣和過下去的，但當事人卻覺得快窒息了，要逃出來。據說他們是一群完美主義者，他們在尋找一種理想的婚姻狀態，他們採取的是一種置之死地而後生的做法：先切斷自己所有的退路，然後找一條通向幸福的捷徑。

但選擇婚姻就像是射箭，無論你覺得自己瞄得有多準，在箭出去之後，它能否正中靶心，誰也不敢肯定 —— 如果當時起了一陣微風，或者箭本身有些小故障，總之，一些不可預知的小意外，常常令結果撲朔迷離。婚姻也充滿了意外，我相信大多數男女在互贈鑽戒的那一刻，心中一定欣喜不已，

以為自己的婚姻肯定會是圓滿的。但後來，他可能變心了，她可能失去了如玉的容顏，某人失業了，某人性格變惡劣了，這些在結婚前沒有預想過的意外，一樣樣浮現出來，讓人措手不及。

其實，婚姻是一種有缺陷的生活，完美無缺的婚姻只存在於戀愛時的遐想裡，當然，那些婚姻屢敗者也許還固守著這個殘破的理想。上帝總是有點苛刻，或者說公平，他不會把所有的幸運和幸福降在一個人身上，有愛情的不一定有金錢，有金錢的不一定有快樂，有快樂的不一定有健康，有健康的不一定有熱情。嚮往和追求美滿精緻的婚姻，就像希望花園裡的玫瑰全在一個清晨怒放，那是跟自己過不去。

破壞婚姻也許不如建設婚姻。許多被大家看好的婚姻因為當事人的漫不經心、吹毛求疵、急不可耐，可能很快就被破壞了；而那些在眾人眼裡，粗陋不堪的婚姻，因為兩個人用心、細緻、鍥而不捨經營，就如一棵纖弱的樹，後來居然能枝繁葉茂，鬱鬱蔥蔥。可忍或可過的婚姻大多也是如此，當事人稍一怠慢，它可能很快就會枯萎、凋零，而雙方用一種更積極的心態去修補、保養、維護，也許奇蹟就會發生。

試離婚，拯救千瘡百孔的婚姻

沒有人是為了傷害對方而戀愛，也沒有人是為了離婚而結婚。然而，當一切努力都於事無補，婚姻已經千瘡百孔的時候，也許放手是最好的選擇。給自己一條生路，也給對方一條生路。

如今結婚、離婚程序相當簡單，只要當事人雙方同意，三分鐘就可以將離婚搞定。有一對小夫妻感情不和，決定分手。但是他們沒有一時衝動去戶政事務所或上法院辦理離婚手續，而是選擇了另外一種方式：試離婚。在經歷了一段時間的試離婚日子後，平靜下來的夫妻兩人同時發現，在他們彼此心裡，對方還是像從前一樣重要。重歸於好後，離婚的事情便不了了之……。

　　有人借鑑商家免費試用的促銷手段，用「試婚」來保障婚姻的品質。「試離婚」也就隨著這個潮流應運而生。婚姻與家庭專家提出：「試離婚」是在新的婚姻法實施以後，結婚、離婚手續都比以前簡單的前提下，緩解家庭婚姻危機的好辦法。離婚前，冷靜對婚姻進行反思，對他或她進行再次了解。給婚姻一個緩衝期，再決定是離還是不離。經過冷靜思考以後，再作出正確、理智的選擇也不遲。婚姻，要講求效率，更需要深思熟慮。「試離婚」是一種理智、成熟和慎重的婚姻觀，值得提倡。

　　這對小夫妻的爭吵其實並沒有太大的癥結點，更主要的原因是在一起耳鬢廝磨近三年後，生活中難以避免的平淡。丈夫走時只帶走了自己的一些日常用品，因為說好了是試離婚。「說實話期待這一天很久了……」丈夫在接受媒體採訪時毫不隱瞞自己的真實感受。而妻子終於等到了自己嚮往已久、完全自主單身的生活。「分開的最初幾天，我們兩個各自瘋狂享受著久違了的單身貴族的生活：下班後可以盡情的逛街直到深夜；和朋友喝『大酒』喝到天亮都不用擔心回家後要面對的指責……『感覺真的太棒了！』」

　　這種自由、刺激的單身生活對於這對小夫妻來說似乎結束得有點早，「並不是因為對方給了自己什麼樣的壓力，那種不安是從自己心裡湧上來的。」夫妻兩個在分開的第二個星期就同時有了這樣的感受，並開始牽掛和惦記對方：「瓦斯罐該換了，也不曉得她知不知道客廳第一個抽屜裡就有換瓦斯的電話；她應該不會又把鑰匙鎖在屋裡了吧……」、「天冷了，也不知道他自己有沒有多穿衣服：走的時候連刮鬍刀都沒帶……」重歸於好之後，兩個人相約，萬一下次再有不合，千萬不能一時衝動到戶政事務所或者法院，還是採取「試離婚」比較妥當！

　　像這對小夫妻一樣，許多媒體也紛紛報導了夫妻間「試離婚」的事件。另一對夫妻就在兩人發生爭執後理性的嘗試了「試離婚」。妻子小媛是一家企業的會計，丈夫在一家保險公司工作。結婚四年，夫妻兩個始終恩愛如初，讓許多朋友們羨慕不已，但是他們之間卻有一個始終存在的衝突，就是生孩子

的問題。小嫒的丈夫身為家裡的獨子，一直希望兩個人能有一個孩子，而小嫒卻覺得自己沒有能力或者沒有足夠的信心養一個孩子，就這樣一直拖了四年。看著丈夫拉著箱子遠去的身影，小嫒的心裡很難受，但是她卻始終沒有給丈夫一個承諾。兩個月的分居生活讓小嫒在伴隨著對丈夫思念的同時，澈底瓦解了永遠不要孩子的思想，而就在她想通了，要打個電話給丈夫時，丈夫也已經痛下決心，為了愛妻，不要孩子……。重逢其實就在自己的家裡，小嫒說，分開之後她才發現丈夫在自己心裡有多重。只要他高興，自己就一定會為他生個孩子……。「幸好我們沒有真的離婚！」丈夫笑著說。

另一對夫妻的「試離婚」，雖然沒有鬧到兩個人分居的地步，然而在「試離婚」的約定中也明確寫著，試離婚後，互不干擾對方生活，互不說話、互不查看對方簡訊，不接對方電話，兩個人之間形同陌路……但是這種「互不干擾」僅僅持續了不到半個月，兩個人終於雙雙「違規」而重歸於好……此外，這對小夫妻在相約試離婚時，首先表明此決議只有兩個人知道，不能告訴第三者；而另一對小夫妻，未等試離婚正式開始，就已經握手言和。

「試離婚」的結果往往是圓滿的，只有少數人在經歷了一段時間的「試離婚」之後還是走上了真正離婚的路 —— 一對於他們來說，「試離婚」的意義在於，他們終於明白兩人在一起的確不合適。

無論「試離婚」的結果如何，當事人雙方都有這個特點：他們沒有像某些將要離婚的雙方一樣反目成仇。因此，在家庭和夫妻間出現衝突時，「試離婚」可以說是一個解決問題較好的方法。

剛離婚，別急著找對象

離婚對於成年人來說，有點類似童年時經歷過的分離焦慮。小寶寶在跟母親暫時分別時，內心會體會到一種不被保護、不安全的焦慮和恐慌感。所以，一定要看到媽媽在附近，才會安下心來玩。當長期生活在一起，彼此像親人一樣生活的夫妻，突然要面臨離婚時，同樣有這樣一個無法適應和不安

全感的焦慮期。

由於懷疑丈夫有婚外情，而丈夫又不承認，30 歲的小雯與丈夫結束了蹩腳的婚姻。在離婚不滿兩個月的時候，一個 40 多歲的男人對她產生了好感，並對其發起了強大的愛情攻勢，小雯冰冷的心再次復甦，她再一次走上了結婚的殿堂。然而，這一次婚姻並沒有維持多久，小雯又再次成為了單身。

很多剛離婚的人會有這種感覺，一個人獨處的時候感覺恐懼，害怕面對別人異樣的目光，總覺得馬上找個伴心裡才會舒坦。其實，身為成年人，如果還沒有承受孤獨、面對和反省自我問題的能力，還是先別急著找對象。

人的深層情感模式決定了人在感情生活裡所有的表現。離婚就代表你的情感已經生病了，如果還是有病不求醫，不對自己處理感情問題的方法進行必要的調整和學習，而是帶著所有的硬傷匆忙走入下一段情感，勢必會造成「慣性的情感翻船」。現實中我們常常會遇到這樣的例子，為了逃避孤獨，解決分離性焦慮，離婚後匆忙找一個人再婚，之後接連離婚，最後導致個人情感世界發生病變，澈底不相信真愛。這其實是由自己的不良思考模式導致的。

精神分析理論中有個概念叫「情感暗礁」。婚姻失敗，就代表人遇到了一塊巨大的暗礁。此時，你需要停下來，好好探測一下暗礁所在的位置：靜下心來想一想自己童年時父母的撫養方式（一般而言，隔代撫養更容易造成安全感欠缺的問題），父母對自己的態度是溫柔民主，還是粗暴武斷（遭受過情感暴力的人更傾向於以矛盾的方式處理情感，並更加焦慮；而逃避型父母養育的子女更容易逃避情感），自己在情感上是否過分依賴對方等等。拿小雯的例子來說，她可以檢視一下自己是否喜歡感情用事、有衝動型情緒障礙；在婚姻當中，是否總是沒有安全感、過分懷疑，又不善於傾聽等。只有當她從自己的角度弄清楚婚姻失敗的原因，並找到自我成長的技巧之後，她才能真正成長。當她為了逃避孤獨而匆忙去找個伴，甚至介入別人的家庭時，只是心理上的一種強迫性重複，已經注定了失敗的結局。

所以，離婚的朋友千萬不要在還沒有排除掉情感暗礁的情況下，就貿然

走人下一段感情。不妨趁這個時間享受一下一個人的時光，還可以尋求心理醫生的幫助，潛心學習並提高情感溝通的能力和技巧。同時，要勇敢面對現實，並且相信真愛。其實，愛就存在於每個人的心中，只要心中有愛，並有了給予愛的能力，再去尋找合適的另一半也並不遲。

第六章　你一個人的力量實在太小了

當我們生活不順、四處碰壁的時候，心裡經常會想：「如果我有更多的朋友和人脈幫助我，我就可以順利度過難關。」因為，很多困境並非無計可施，而是我們自身的能力有限，同時也找不到出手相助的人。

一個人單打獨鬥，能做成多少事呢？俗話說：就算你渾身都是鐵，又能打幾顆釘？拿破崙‧希爾（Napoleon Hill）在走訪了數百位走過坎坷終成大事的偉人後，說過一句這樣的話：當兩個或更多的人以有所協調的方式進行思想及行動上的配合，這種力量是無與倫比的。

要想突破人生的困境，我們需要借助他人的力量。懂得如何借助他人力量的人，是困境中的強者。

血濃於水，向親戚求助

俗話說：「是親三分近」。親戚之間大多是血緣或親緣關係，這種特定的關係決定了彼此之間關係的親密性。這種親屬關係是提供精神、物質幫助的源頭，是一種應該能長期持續、永久性的關係。因此，人們都具有與親屬保持聯繫的義務。平常保持好親戚密切的關係，在身陷困境、個人難以應付時，求助親戚才最有利。

親戚關係「不走不親」，「常走常親」，這是一貫的觀點，只有頻繁的禮尚往來，才能溝通聯繫，深化感情，使親戚關係更密切。

有人認為拜訪親戚挺麻煩的。此話不對，純潔真摯的親戚關係，是傳統中一種人情味較濃的人際關係，不能被蒙上庸俗的面紗。唯有建立在親近、相互關心、常聯繫的基礎上，才能建立真誠的親戚關係，如果彼此間少了經常性的拜訪，那就可能會出現「遠親不如近鄰」的局面了。

「常來常往」，經常到親戚家走走、看看，聊聊家常，聯絡一下感情，這樣是非常有益的。

劉某是一家公司的老闆，經過幾年的辛苦經營，現已擁有相當的資產，

到底是什麼原因使他在短短幾年內擁有數目可觀的資產呢？

在一家報紙記者採訪他時，他說了這樣一段話：「……自身的努力與勤奮固然是我成功的關鍵因素，但還有一點也非常重要。我的親戚很多，在我沒有發跡時，經常拜訪他們，所以彼此之間關係都特別好。後來，在公司小有規模後，我仍不忘經常與他們保持聯繫，正是因為這種密切來往，我的親戚都對我很不錯。剛創業的時候，資金有一半是由他們籌措來的；經營公司遇到困難時，也有他們的幫助與鼓勵；甚至他們之中的一些人，現在也在我的公司裡幫我的忙，是我的得力助手……總之，在各種人際關係中，我最重視的就是親戚關係，也正因為我與他們保持密切的關係，得到了他們無私的幫助和支援，我才會有今天的成就……」

在劉某的談話中，我們可以直接看出，常來常往在親戚關係中的重要性，但有一點，就是千萬不可有貧富貴賤之分，也不要因為自己的身分地位較高而不與窮親戚來往。這樣下去，親戚們自然會對你冷眼相待，那時想再經營好親戚關係，就難上加難了。

親戚與親戚之間的來往，除了一個「往」字，還要講究一個「來」字。它的意思是除了經常到親戚家拜訪外，也要經常邀請親戚們到自己家裡做客，利用自家的空間與親戚聯絡感情，做一回主人，熱情款待他們，既聯絡了感情，又密切了親情，讓他們有一種到了自己家的感覺。那時間一久，親戚之間的關係會處得異常融洽。這樣一來，在關鍵時刻，對方才會助你一臂之力。

如何讓親戚出手相助

每個人都有三親六故，為自己親戚辦事的情況很多。當人們遇到困難的時候，首先想到的大概就是找親戚幫忙。身為親戚，對方也通常會熱情向你伸出援助之手。「親不親，一家人」、「一家人不說兩家話」，這都說明找親戚辦事有得天獨厚的便利。

讓親戚出手相助，應該注意以下幾點。

主動沾親

在任何社會中，親情都永遠是最寶貴的。在利用親情辦事之前，需要具備鍥而不捨的精神，不怕吃苦，勇於發掘親戚關係。

借助親情

借助親戚關係時，敘情能起很大作用。可以說，在很大的程度上要善用親情去說服對方、感動對方。在向親戚說明的時候，一樣需要用真誠打動對方，使親情發揮作用，切不可虛假用情。

親戚之間的關係應以「情」字為主，而不要「利」字當頭。現實生活中的許多人是非常勢利的，親戚若得勢，他就與之來往；親戚若落魄，他就不理不問。這種人通常是受人鄙視的。

借助親戚關係並不是無限制的濫用，不顧一切去利用會增加對方的麻煩，導致對方拒絕，自己也會因此而受到道德良心上的譴責。

經濟往來要清楚

求助過程中因為經濟利益而得罪人，在親戚之間是屢見不鮮的。比如親戚之間的借錢借物等財物往來是常有的事。有時是為了急用，有時是為了幫助，有時就是贈送，情況不同，但都展現了親戚之間的特殊關係，把這種財物往來當成表達自己心意和特殊感情的方式。

身為受益的一方，對親戚的慷慨行為給予由衷的感謝和讚揚是必要的。但如果他們把這種支援和幫助看做理所應當，不作一點表示的話，對方就會感到不滿意，而影響彼此的關係。

另一方面，對於需要歸還的財物，同樣是不能含糊的。這是因為親戚之間也有各自的利益，一般情況下，應把感情與財務分清楚，不能混為一談。只要不是對方明言贈送的，所借的錢，該還的也要按時歸還。有的人沒有注意這個問題，他們以為親戚的錢財用了就用了，對方是不會計較的。等到親

戚提出來時，那會使雙方都尷尬。

對於來自親戚的幫助，切記要給予回報，這既是為了加深雙方的情誼，也是報答對方的必要行動。如果忽視了這種回報，同樣會得罪人。

總之，親戚之間的財務往來，既可以成為使感情密切的因素，也可能成為造成衝突的禍根，就看你如何處理。

不要居高臨下或強人所難

親戚之間雖有輩分的不同，但是也應該相互尊重、平等對待。特別是在彼此之間地位、職務有差異的情況下，更應如此。

地位低的人總是希望從地位高的一方那裡得到一些幫助，同時他們在提出自己的請求時，又抱有極強的自尊心。在這種情況下，如果地位高的一方對來求助的親戚表現出不歡迎的態度，那就很容易傷害對方的自尊。

一般說來，地位低的人對於被小看是很敏感的，只要對方露出哪怕一點冷淡的表示都會計較、不滿，造成不好的結局。

在有地位差異的親戚之間，最常見的衝突是在求與被求之間，是在不能滿足對方要求的情況下發生的。如遇到這些問題，一方應盡量滿足對方的需求，另一方則應考慮對方的難處，盡量不要為難人家，即使因客觀原因不能滿足自己的需求，也應該予以諒解，不能計較過多。

不要一廂情願，為所欲為

親戚之間由於彼此關係有遠近之分，有密切程度上的差別，因此，在相處中要注意掌握適當的分寸。

「親戚越走越親」是一般原則。但是，這裡面也是有一定技巧的。

過去拜訪親戚可以在親戚家住上一年半載，現在就有很多的不便。大家都有工作，都有自己的生活習慣，住的時間過長，很多衝突就會暴露出來。

還有的人到親戚家做客不是客隨主便，而是任自己的性子來，這就為主

人帶來很多麻煩，也容易造成衝突。

比如，有的人有睡懶覺的習慣，到親戚家也不改自己的毛病。主人要照顧他，又要上班，時間久了，就會影響主人的工作和生活的正常秩序，進而影響彼此的關係。

還有的人衛生習慣不良，到了親戚家裡，菸頭到處丟。時間不長，人家還有可能忍耐克制；要是日子長了，衝突就會顯露出來。

因此，在親戚來往中也要改善自己的行為方式，如果方式不當同樣會得罪人。

兩肋插刀，向朋友求助

千里難尋是朋友，朋友多了路好走。朋友相交之初，通常都會有「苟富貴，勿相忘」的誓言，可事實上遠非如此。有些朋友在自己富貴發達之後就忘了這句話，逐漸與原本那些狀況沒有多少改善的老朋友疏遠了，甚至忘掉了老朋友，躲著老朋友。

老朋友疏遠的原因很多，有可能是發達顯貴的一方性格出現了偏差，恥於與無權無勢的舊交為伍；有可能是他心意雖然沒變，但因整天沉湎於繁雜的事務之中難以自拔，無暇顧及他人；也有可能是沒有長進的一方妄自菲薄，因自卑而羞於來往……各種原因使兩者的交情越來越淡薄了。

在這樣的關係下，如何向朋友開口請求幫忙呢？當然，這肯定是被迫無奈、非求不可的事。在這種情況下，不妨採用以下四種方法。

帶上伴手禮

多年不見，就算是老朋友，帶點禮物上門也是非常自然的，這更是情感的展現。禮物不在多少，它能把這多年沒有來往的空缺一下子填補起來。

禮物最好針對對方舊有的嗜好選擇，也可以是地方特產，也可以是

菸、酒。

當然，禮物不同，見面時的說法也不同。若是舊友嗜好之物，就說是「特地給老兄（老弟）的，我知道你最喜歡這東西」；若是地方特產，就說是「送給嫂子（弟妹）和孩子嘗嘗的」之類。走進了門，便有開口求老朋友辦事的機會了。總之，得帶點東西才行。

喚起回憶

這是拜訪最重要的基礎，因為回憶過去，就喚起了對方沉睡多年的交情，這交情才是對方肯幫你忙的前提。

明朝初年，朱元璋當上了皇帝。有一天，家鄉的一個舊友從鄉下來找朱元璋要官做。這位朋友在皇宮大門外面哀求門官去啟奏，說：「有家鄉的朋友求見。」朱元璋傳他進來，他就進去了，見面的時候，他說：「我主萬歲！當年微臣隨駕掃蕩廬州府，打破罐州城，湯元帥在逃，紅孩兒當關，多虧菜將軍。」

朱元璋聽了這番話，回想起當年大家飢寒交迫、有福共享、有難同當的情景，又見他口齒伶俐，心裡很高興，就立刻讓他做了御林軍總管。

當然，回憶過去，閒聊往事，也有當與不當的問題。其實朱元璋做了皇帝以後，先後有兩個少時舊友來找他求官做，一個說了直話，使他感到尷尬，被殺了頭；而上述這位說了隱話，而且說得委婉動聽，被朱元璋委以高官。

與朋友及家人閒聊過去，如果是當著他的孩子和老婆的面，也要盡量少去提及讓對方成為笑料的「樂事」及尷尬事，這樣可能會傷害對方在家庭中的權威，引起對方的反感，你就達不到辦事的目的。

以言相激

「無事不登三寶殿」。長時間沒有來往，此次突然來訪，對方便心知肚明你有事要求於他。他若不願幫忙，一進門就會顯得非常冷淡，當你把事提出

來的時候，他便會表現出含糊的拒絕態度。這可能是在你的意料之中，這時，你就得「死馬當成活馬醫了」。以言相激，不失為一種扭轉對方態度、繼續深入的好方法。

比如，你可以說：

「你是不是覺得，我這件事為你帶來的麻煩太多？」

「我知道只有你能幫我，所以我才來找你的，否則，我為什麼大老遠跑到你這裡來？」

「我覺得你有能力幫我，再說這事也不是什麼違背原則的事。」

「我要來之前，跟親友都打過包票了，說這事到你這裡一辦就成，難道你真要讓我回家沒臉見人？」

以言相激也必須掌握分寸，若對方真的沒有能力幫這個忙，也不能太苛求人家，讓人家為難，更不能說出絕情絕義的話，傷害對方。唯有你了解對方確實有「多一事不如少一事」的心態時，才可以以言相激，督促他去辦。

如果他真的幫你去辦事，不管有沒有辦成，事後你都應該說道謝的話，這樣會顯得你有情有義。

向朋友求助的常見錯誤

每個人都希望擁有自己的一片小天地，朋友之間過於隨便，就容易誤入這片禁區，從而引起隔閡、衝突。譬如，不問對方是否有空、願意與否，任意支配或占用對方已有安排的寶貴時間，全然沒有意識到對方的難處與不便；一意追問對方深藏心底、不願啟齒的祕密，探聽對方祕而不宣的私事；忘記了「人親財不親」的古訓，忽略朋友是感情一體而不是經濟一體的事實，花錢不計你我，用物不分彼此。凡此等等，都是不尊重朋友，侵犯、干涉他人的壞習慣。偶爾疏忽，可以理解，長此以往，必生嫌隙，導致朋友的疏遠或厭惡。因此，好朋友之間也應講究禮貌，恪守交友之道。

通常來說，求朋友幫助時要避免踩到三條紅線。

彼此不分，過分隨意

朋友之間最不注意的是對朋友的物品處理不慎，常以為「朋友間何分彼此」，對朋友之物，不經許可便擅自拿用，不加愛惜，有時遲還或不還。一次、兩次，對方礙於情面不好意思指責，久而久之會使朋友認為你過於放肆，產生防範之心。實際上，朋友之間除了友情，還有一種微妙的契約關係。以實物而論，朋友之物都可隨時借用，這是超出一般人關係之處，然而你與朋友對彼此之物首先要有一個觀念：「這是朋友之物，更當加倍珍惜」、「親兄弟，明算帳。」注重禮尚往來的規矩，要把珍惜朋友之物看作如珍重友情一樣重要。

隨便反悔，不守約定

你也許沒那麼看重朋友間的某些約定，朋友間的活動總是姍姍來遲；對於朋友的請求當下爽快答應，之後又中途變卦。也許你真有事情，耽誤了一次約好的聚會或沒完成朋友相託之事，也許你事後輕描淡寫、解釋一二，認為朋友間應該相互諒解、寬容，區區小事何足掛齒？殊不知朋友們會因你失約而心急火燎，掃興而去。雖然他們當面不會指責，但必定會認為你在玩弄友情，是在逢場作戲，是反覆無常、不可信賴之輩。所以，對朋友之約或之託，一定要慎重對待，遵時守約，要一諾千金，切不可言而無信。

趁人不備，強行索求

當你事先沒有通知，臨時登門提出請求，或不顧朋友是否願意，強行拉他與你一起去參加某項活動，這都會使朋友感到左右為難。他如果已有活動安排不便改變就更難堪，對於你的請求，若答應則會打亂自己的計畫，若拒絕又在情面上過意不去。或許他表面樂意而為，心中卻有幾分不快，認為你太霸道，不講道理。所以，你對朋友有所求時，必須事先告知，採取商量的口吻，盡量在朋友無事或願意的前提下提出所求。

朋友求你相助時應該怎麼辦

來而不往非禮也。你在要求朋友幫助的同時，也應盡量為朋友解憂。

熱心幫朋友辦事，可以加深友誼

朋友託你辦事，一定要誠心誠意、盡力而為，中間遇到困難，有時可直言相告，事情辦成了，也不要期望回報。這樣，你們的友誼才會越來越深。

正確對待「平等」

在人際交往中，人與人之間的「平等」，只有一個含義，那就是「互相尊重」。真正精明的人是那些懂得如何善待朋友，同時也懂得如何善待自己的人。朋友託你辦事情，而有一天你也會託朋友來幫忙解決難題，所以，朋友託辦事時，不要自抬身價，要默默的做，令他感受到這份人情。

學會吃虧

若人與人之間沒有彼此信任，則沒有互助互利；沒有較深的感情，則沒有彼此的信任。在人際交往關係中要重視情感因素，不斷增加感情的儲蓄，保持和加強親密互惠的關係。

與朋友交往實際上也是一筆帳。只有肯吃眼前虧的人才能爭取到「長期客戶」。

自己樂於助人，常接受朋友請託之事，多主動幫助別人，會不斷增加感情帳戶上的儲蓄，從而可以贏得許多朋友的友誼和尊重。

主動幫助朋友實現美好願望

在你力所能及的情況下，朋友來求你幫忙，你當然可以成人之美。要注意的就是，成人之美應以不危害第三者的利益為原則，要在朋友真正需要的時候伸手幫忙，不要做一些「錦上添花」的事，應多做「雪中送炭」的事情。

分外之事盡量幫忙

有時當你正忙著進行一項工作時，或你正在進行一項有關你人生前途的大事時，你的同學、朋友或同事卻來請你幫忙，這個忙與你的分內之事無關，需要你額外花費時間和心思。對於這樣的事情，你應該怎麼辦呢？

如果接受它，勢必會為正在進行的工作或其他活動帶來不利影響，而如果不接受卻會影響你和朋友的關係。這時你應該了解朋友或同事想請你辦什麼樣的事。如果只是一些小事，則可以幫他們的忙；如果是有一定難度的大事，則應告訴他們你現在很忙，不過你會盡量幫他們辦。這樣他們也會體諒你的處境，不會過於為難你。

幫過忙後要表現自然

生活中難免會出現你幫別人、別人幫你的事情，若以平常心待之，對人對己都好。有的人幫過別人的忙之後，就擺出一副高高在上的嘴臉，將這件事整天掛在嘴上，這樣的人令別人極其厭惡，即使有報答之心也不願報答了。

也有的人，幫過別人的忙之後像什麼也沒有發生過，見了面還跟以前一樣，讓別人覺得很不好意思，很容易激起別人的感激之心。這種人通常在眾人眼裡信用較佳，人緣較好，他們幫你做任何事都不會令你覺得有負擔。這種人託你幫忙時，也知道要心存感激，與這種人交往會給你安全感。

同窗之誼，向同學求助

俗話說：十年寒窗半生緣。可見，同窗之情如果處得好，在某種程度上勝過手足之情、朋友之情。在這個世界中，能成為同窗也算是一種緣分。這種緣分因為它的純潔、樸實，有可能日後發展為長久、牢固的友誼。

現代社會裡，想使自己有所提升的人更注重同學關係，同學之間互相幫忙的情形經常可以見到。在一個公司裡，同一個學校畢業的同學或校友中，

如果其中有一個升遷到主管職位，那麼，不出幾年，這些同學或校友就都能得到升遷，這大概就是同學關係的力量。

同學關係有時的確能在關鍵的時刻幫上自己一個大忙。但是要值得注意的是，平時一定要注意和同學培養、聯絡感情，只有平時經常保持聯絡，同學之情才不至於疏遠，在關鍵之時同學才會心甘情願幫助你。如果你與同學分開之後，從來沒有聯絡過，當你去請他幫忙時，尤其是幫那些比較重要的，不關乎他的利益的忙，他就很難熱情幫助你。

與同學保持聯繫

有空打一通電話或寫封信給遠在異地的同學們，詢問一下對方近來的工作、學習情況，介紹一下自己的情況，互相交流一下，這是很有必要的，這個方法也很有效。碰上同學們的人生大事，如果有空最好親自參加，如果實在抽不開身，最好也傳個 E-mail 或託人帶點什麼，不然，怎麼算得上同窗情誼。

對方有困難的時候，更應加強聯絡，許多人總喜歡向同學彙報自己的喜事，而對於困難卻不好意思開口，同窗之情完全可以去掉這些顧慮。

而當聽到同學家有人生病或遇上不幸的事，應馬上想辦法去看看。平日儘管因工作忙、業務繁重，沒有很多時間來往，但朋友有困難時應鼎力相助或打聲招呼表示關心，才更能凸顯你們之間的深厚情誼。「患難之交才是真朋友」，關鍵時刻真誠幫忙，別人會銘記在心。現代社會裡，人們都已經充分認知到同學之間來往的重要性，為了使大家經常保持聯絡，加深合作，「同學會」、「校友會」已成為一種流行，這是一種十分有效的方法。一年一小會，五年一中會，十年一大會，關係越聚越堅，越聚越緊，彼此互相照應，「一方有難，八方支援」，它表示著同學關係已進入一個更高的層次，不受時間所限，不受空間所限，只要常「聚」，那份關係，那份情，將取之不盡，用之不竭。

即使你在學生時期不太引人注目，交往的範圍也很有限，也大可不必受限於昔日的經驗而使想法變得消極。因為，每個人踏入社會後，所接受的磨練都是百般不同的，絕大多數的人會受到洗禮，從而變得相當留意人際關係。因此，即使與完全陌生的人來往，通常也能相處得很好。由於這種緣故，再加上曾經擁有的同學關係，你可以完全重新展開人際關係的塑造。換言之，不要拘泥於學生時期的自己，而要以目前的身分來展開交友圈。

誰都會牽掛昔日的同窗，說不定你的音容笑貌還留存在他們的記憶中，千萬不要把這種寶貴的人際關係資源白白浪費掉。從現在開始，你就要努力去開發、建設和使用這種關係。

故鄉情深，向同鄉求助

「甜不甜家鄉水、親不親故鄉人」，人都對故鄉有一種特殊的感情，愛屋及烏，愛故鄉，自然也愛那裡的人。於是，同鄉之間，也就有著一種特殊的情感關係。如果都是背井離鄉、外出謀生者，則同鄉之間更是必然會互相照應的。

在某種程度上來說，鄉情本身便帶有「親情」性質或「親情」意味，故謂之「鄉親」。

同鄉關係是一種很特殊、也很重要的人際關係。既然是同鄉，那涉及某些實際利益的時候，則是「肥水不流外人田」，只能讓「老鄉」範圍內的人「近水樓臺先得月」。也就是說大多會按照「資源分享」的原則，給予適當的「照顧」。

如此看來，如何經營好同鄉關係是非常重要的，不僅可以多幾個朋友，最重要的是可以獲得許多有用的東西，也許一輩子都會受益無窮。

既然同鄉觀念在人們的大腦中根深蒂固，足以影響一個人的發展前途，那麼我們在拓展人脈關係網時就不可忽視它。

　　最起碼，當你在有求於人時，它可以提供一條「公關」的線索。對於同鄉關係，只要不搞邪門歪道，沒有到「結黨營私」的程度，絕對是可以利用的。

　　在外地的某一區域，能與眾多老鄉取得聯繫的最佳方式當然是「同鄉會」。在同鄉會中站穩了腳跟，與其他老鄉關係處得不錯，就等於結交了一個關係網，也許，有一天，你就會發現這個關係網的作用有多麼巨大，不容你有半點忽視。

　　齊某是個早年到外地闖蕩的遊子，現在已在異鄉成家立業，家庭生活美滿。美中不足的是齊某的人脈關係網窄小 —— 這是許多闖蕩異鄉的人常見的苦惱。恰在這時，同在這個城市的幾位老鄉，深感到有必要成立一個同鄉會，定期聚會，加深感情，以後有什麼事大家可多加照應。齊某一接到邀請，毫不猶豫加入其中並積極籌劃，聯絡老鄉，把這個同鄉會當成了自己的「家」，並成為「家」中領導人之一。

　　經過兩年的時間，同鄉會已發展到了具有近 300 人的規模，齊某也等於多認識了近 300 人。這些老鄉中，各行各業、貧窮富貴，相容並存，用齊某自己的話來說：「我現在做什麼事都非常方便，只需要一個電話，或打聲招呼，我的老鄉都會為我幫忙，而我也會隨時幫老鄉的忙……」

如何獲得老鄉的出手相助

　　在大學裡，經常可以見到有某地學生組織同鄉會性質的「聯誼會」，有人覺得這些人落伍狹隘。但事實證明，他們那「團結」的宗旨確實為大多數同鄉帶來了「利益」，解決了不少困難。後來，這種同鄉會性質的團體幾乎到處都能見到。它的形式雖是鬆散的，但「親不親，故鄉人」的同鄉觀念有一定的凝聚力，它在「對外」上保持一致性，團結一致，抵禦外來的困難和威脅，對內互相提攜，互相幫助。

當今社會人口的流動性很大，許多人離開家鄉，到異地去求職謀生。身在陌生的環境裡，拓展人際關係有一定的難度，那就不妨從同鄉關係入手，使局面更開闊。

同鄉之間或許沒有什麼較深的情感交流，主要憑的就是鄉情，最明顯的表現便是在口音上。如果同在異鄉謀生，遇見老鄉時，說話的口音，會勾起對方一種親密的感覺，對方也會極為容易答應你託他辦的事。

請同鄉辦事除了利用口音，家鄉特產也是一個很好的途徑。特產也許並不是很貴，但是那是故鄉的特產，外地買不到，這樣一來，特產中便包含了濃濃的情意，在這種感情支配下，老鄉多半會答應你所託他辦的事。

人們在離開家鄉很長時間之後，常常會因為生活、事業上的挫折與生活習慣的不同，勾起思念家鄉的感情。每個人都與自己的家鄉有一份濃濃的剪不斷的牽掛之情，這份感情是每一個在外遊子的精神支柱。

在每一個離鄉背井的人的記憶深處，都有關於家鄉的溫馨的回憶，一般人不會輕易流露這份感情；但若勾起了他的這份感情，則一發不可收拾。

要託老鄉辦事，最重要的就是以鄉情感動他，勾起他對家鄉的思念，使他想到要為家鄉做些什麼，這樣他就會毫不猶豫幫助你。

大樹下乘涼，向上司求助

找上司辦私事，上司往往是板起臉，一副公事公辦的樣子：你要辦什麼事？為什麼要辦這件事？理由充分嗎？這三刀會先砍得你暈頭轉向。如果你不能圓滿回答這幾個問題，上司自然不會了解你、支援你、幫助你。如果他了解了你，你可能就得到了他的支援，問題可能也就迎刃而解了。相反，如果沒有得到上司的理解，甚至有時，他還覺得你提出的要求有點過分，或者覺得你請求辦的事有些逾矩，那麼，這件事要成功的希望就不存在了。所以，尋求理解，對於能否把事情辦成至關重要。

　　託上司辦私事時，應看準時機和掌握火候，最好應先向他的祕書打聽一下他的心情好不好，如果他的心情不佳，就不要找他；工作繁忙時，不要找他；如果吃飯時間已到，也不要找他；休假前和度假剛回來時，也不要找他。因為在這些時間裡，你跟他談與工作不相干的問題，他多半會拒絕。凡是他拒絕的事，你若再提起，只會徒增不快，還會在上司心中留下一個難纏的印象。託上司辦私事時，選好時機是很重要的。

要掌握好分寸

　　俗話說：事不關己，高高掛起。託上司幫忙一定要看事情是不是直接涉及自身利益，如果是，則上司無論是從對你個人或是從關心公司職員利益的角度，都會覺得這是一種義不容辭的責任。這樣的事上司願意辦，也覺得名正言順。

　　比如說，你愛人失業了，費了九牛二虎之力都沒有找到一份滿意的工作，如果你託公司主管幫忙，主管覺得你重視他的地位，使他有了救世主的感覺，幫下屬解決實際困難，也可以累積他的領導資本，有時，這樣的事你不找上司，上司也許還會產生你看不起他的想法呢。

　　但你一定要知道，這類事情必須關係到你的切身利益，或是你愛人的事，或是孩子的事，或直系親屬的事，如果不管多遠的親人你都攬過來請上司幫忙，不但上司不會答應，而且還會認為你太愛管閒事，影響你在他心目中的形象。

　　請上司幫忙還要掌握好「度」，不要雞毛蒜皮的事也去麻煩上司，如果事不分大小都去請他，認為上司辦起事比你容易，這樣，上司會覺得你這人太煩，把他當保姆。

　　比如，你需要買一個冰箱，如果請上司去關說一下，可能會便宜幾百塊錢，但這類的小事千萬不要去請你的上司做，因為這類事情不能表現上司的辦事能力，又貶低了自己，得不償失。

你要求上司幫你的忙，上司也有要求你辦事的時候。一般說來，為上司辦事是「義不容辭」的差事。因為上司是「看得起你才讓你辦事」，何況為上司辦了事後，以後請上司幫忙也容易得多。但是，上司委託你做某事時，你要善加考慮，這件事自己是否能勝任？是否不違背自己的良心？然後再作決定。

儘管下屬是隸屬於上司，但下屬也有他獨立的人格，不能什麼事都不分善惡是非服從。下屬並不是「下人」。倘若你的上司以往曾幫過你很多忙，而今他要委託你做無理或不恰當的事，你更應該毅然拒絕，這對上司來說是一種尊重，對自己也是一種負責。

如果你認為這是上司拜託你的事不便拒絕，或因拒絕了上司會不悅，而接了下來，那麼，此後你的處境就會很艱難。當你因畏懼上司報復而勉強答應，答應後又感到懊悔時，就太遲了。

求助遭拒，力避場面尷尬

身處困境中的你，滿懷希望的向他人提出要求，卻當場遭到對方的拒絕，那場面是很令人難堪的。這種被拒絕而產生的尷尬往往會使人感到心冷、失落、心理失衡，甚至出現不正常的心態，比如記恨或報復之心，因而影響彼此之間的關係。

在現實生活中，造成尷尬的原因很多，有些是無法預見、難以避免的，但有些卻是可以透過自己的努力加以避免的。

首先，在提出請求之前，要對自己提出的請求被接受的可能性有基本的評估，起碼要考量三個方面的情況：

一是看自己提出的要求是否超出了對方的承受能力。如果要求太高，脫離合理範圍，對方無力滿足，這樣的要求最好不要提出。否則，必然會自找難堪。

二是看對方的品性和與自己關係的性質、程度。如果對方並非樂善好施之人，即使你提出的要求並不高，對方也會加以拒絕。對於這種人最好不要提出要求，不然也會自尋尷尬。此外還要看彼此關係的深淺，有時自己與人家並沒有多少交情就提出很高的要求，碰壁的可能性就會很大。

三是看你提出的要求是否合理合法。如果所提的要求違反法律規定，人家會直接拒絕，最好免開尊口。

在進行求助前，先做上述功課，然後再決定是否提出自己的要求，一般而言，這樣做是可以避免很多尷尬場面出現的。

其次，要學會試探技巧。

己話他說

如果把兩個人面對面置於一個尷尬場面中，卻又不留回旋的餘地，顯然是不適宜的。盡量主動拉開話題與現場之間的距離，為雙方留下一個緩衝空間。於是，一場尷尬無形之中避免。

實話虛說

張三剛剛託好友李局長為自己辦一件事，忽然聽說李局長貪汙被調查的傳聞，不知真假，又聯繫不上李局長，就到李家探望。確實只有局長夫人在家，滿臉愁容。張三說：「我打李局長的手機總是打不通，便趕過來看看是不是發生了什麼事？」張夫人長嘆一聲：「唉，胃病又發作了，昨天送醫院了……。」

原來如此！如果張三實話詢問李局長是否真的貪汙被查，那場面會如何？

莊話諧說

輕鬆幽默的話題往往能引起人感情上的愉悅，莊重嚴肅的話題則會使人緊張、慎重。要是有可能，最好能把莊重嚴肅的話題用輕鬆的幽默的形式說出來，這樣對方可能更容易接受。

在當今，誰都希望自己能獲得高薪、高職位。可是如果向老闆公開提出加薪或升遷要求，是不是有點尷尬？一個青年打工者成功克服了這一點，為我們做了個示範。

一位青年在一家外資企業打工，在很短的時間內，連續兩次提出合理的建議，使生產成本分別節省了 30% 和 20%。老闆非常高興，對他說：「年輕人，好好做事，我不會虧待你的。」

青年當然知道這句話可能意義重大，也可能不值一文。便輕鬆一笑，說：「我想你會把這句話放到我的薪水袋裡。」老闆會心一笑，爽快應道：「會的，一定會的。」不久他就獲得了一個大紅包和加薪獎勵！面對老闆的鼓勵，這個青年如果不是這麼俏皮，而是坐下來認真嚴肅擺出理由若干條，提出加薪要求，可能會適得其反。

對待冷落的方法

求人辦事受到冷落很常見。對此，不同的人有不同的反應：或拂袖而去，或糾纏不休，或懷恨在心。這樣的反應其實是不利於辦事的，甚至有時會因小失大，影響辦事效果。因此，了解受到冷落的具體情況再作不同的反應，是十分必要的。

若按遭冷落的原因分，無非以下三種情況：

一是自感性冷落，即期望過高，對方沒有使自己滿意而感到被冷落。

二是無意性冷落，即對方考慮不周，顧此失彼，使人受冷落。

三是蓄意性冷落，即對方存心怠慢，使人難堪。

當你被冷落時，要區別情況，弄清原因，再採取適當的對策。

對於自感性冷落，自己應反躬自省，實事求是看待彼此關係，避免揣測和嫉恨人。

　　常常有這麼一種情況，在準備求人辦事之前，自以為對方會以熱情接待，可是到現場卻發覺對方並沒有這樣做，而是較為低調。這時，心理上就容易產生一種失落感。

　　其實，這種冷落是對彼此關係估算過高、期望太大而形成的。這種冷落是「假」冷落，非「真」冷落。如遇到這種情況，應重新審視自己的期望值，使其適應彼此關係的客觀水準。這樣就會使自己的心態恢復平靜，除去不必要的煩惱。

　　有位朋友到多年沒見面的一個老同學家去探望。這位老同學已是商界的實力派人物，每天造訪他的人很多，感到很疲勞，大有應接不暇之感。因此，對關係一般的客人，他一律不冷不熱待之。

　　這位朋友一心想著會受到熱情款待，不料遇到的是不冷不熱，心裡頓時有一種被輕慢的感覺，認為此人太不夠朋友，小坐片刻便藉故離去。他憤然決心不再與之交往。後來才知道，此人並非針對他個人。他再一想，自己並未與人家有過深交，自感冷落不過是自作多情罷了。於是又改變了想法，並採取主動姿態與之交往，反而加深了了解，促進了友誼。

　　對於無意性冷落，應理解和寬恕。在交際場上，有時人多，主人難免照應不周，特別是各類、各層次人員同席時，出現顧此失彼的情形是常見的。這時，照顧不到的人就會產生被冷落的感覺。

　　當你遇到這種情況，千萬不要責怪對方，更不應拂袖而去，而應設身處地為對方著想，給予充分的理解和體諒。

　　比如，有位司機開車送人去做客，主人熱情把坐車的迎進門，卻把司機給忘了。一開始司機有些生氣，繼而一想，在這樣鬧哄哄的場合下，主人疏忽是難免的，並不是有意看低自己，冷落自己。這樣一想，氣也就消了，他悄悄開車到街上吃了飯。

　　等主人突然想到司機時，他已經吃了飯，且又把車停在門外了。主人感到過意不去，一再檢討。見狀，司機連連說自己不習慣大場合，且胃口不

好，不能喝酒。這種大度和為主人著想的精神使主人很感動。事後，主人又專門請司機來家做客，從此兩人關係更密切了。

司機的這種態度引起的震撼會比責備強烈得多，同時還能感動對方，使他改變態度，用實際行動糾正過失，使彼此關係進一步發展。

對於有意的冷落，也要根據具體情況分析，才能恰當處理。一般來說，在這種情況下，予以必要的回擊既是維護自尊的需要，也是刺激對方、批判錯誤的正當行為。當然，回擊並不一定非得面對面對罵不可，理智的回敬是最理想的方法。

有這樣一個例子：一天，有個人穿著舊衣服去參加宴會。他走進門後沒人理睬他，更沒人為他安排座位。於是，他回到家裡，把最好的衣服穿起來，又來到宴會上。主人馬上走過來迎接他，為他安排了一個好位子，為他擺了最好的菜。

那人把他的外套脫下來，放在餐桌上說：「大衣，吃吧。」

主人覺得奇怪，問：「你幹什麼？」

他答道：「我在招待我的大衣吃東西。這酒和菜不是給衣服吃的嗎？」

主人的臉馬上就紅了。這個人巧妙把尷尬還給了冷落他的主人。

還有一種方式，就是對有意冷落自己的行為抱持不在乎的態度，以此自我解脫。有時候，對方冷落你是為了激怒你，使你遠離他，而遠離又不是你的意願和選擇。這時，聰明的人會採取不在意的態度，「厚臉皮」面對冷落，我行我素，以熱報冷，以有禮對無禮，從而使對方改變態度。

有求不應怎麼辦

求人辦事，用盡了各種方法還是遭到了拒絕，這時，你應該做到以下三點。

第一，不要過分堅持。對方既已拒絕，必有原因，如果過分堅持自己的要求，不但會使對方為難，而且也使自己陷於被動；一旦被堅決拒絕，心理上將很難接受。

第二，不要過分追究原因。的確，被拒絕的心理是很不好受的，任何人都想知道原因，但是如果窮追不捨纏住對方，非問清原因不可，往往會破壞雙方感情。

第三，保持禮貌。人生不如意的事很多，又何必在區區小事上計較個沒完？被人拒絕後要做到豁達大度、不抱成見。當你領會到對方拒絕的意思時，不妨自己把話打斷，乾脆表示沒關係，反過來再安慰對方幾句，請他不必介意。對方會感到過意不去，說不定以後會主動幫你忙呢！

第七章　人生需要一種適當的認命

　　哲學家叔本華（Arthur Schopenhauer）提醒世人說：「一種適當的認命，是人生旅程中最重要的準備。」我們提倡人的奮進與不屈精神，但絕不鼓勵人盲目與命運抗爭。

　　大衛王是古代猶太以色列國王（約西元前 1000~960 年在位），他因為與部下的妻子勾搭，用計除掉了部下，受到了天神的懲罰。天神將疾病降臨在大衛王與部下的妻子所生的孩子身上。大衛王為孩子的病懇求神的寬恕，開始禁食。他把自己關在內室裡，白天黑夜都躺在地上。他家中的老臣來到他的身旁，要把他從地上扶起來，他卻怎麼樣也不肯起來，也不和他們吃飯。大衛王希望用這種方法，求得天神的原諒，降福於他的孩子。

　　然而，在大衛王的「苦肉計」進行到第七天時，患病的孩子還是死去了。大衛王的臣僕都不敢告訴他孩子的死訊。他們想：孩子還活著的時候，我們勸他，他都不肯聽我們的話，如果現在告訴他孩子死了，他怎麼能不更加傷心呢？

　　大衛王見臣僕們彼此低聲說話、神色戚戚的樣子，就知道孩子死了。於是他問臣僕們說：「孩子死了嗎？」

　　臣僕們不敢撒謊，只得如實回答：「死了。」

　　大衛王聽了孩子的死訊，就從地上起來，沐浴後抹上香膏，又換了衣服，走進耶和華的宮殿敬拜完畢，然後回宮，吩咐人擺上飯菜，大口大口吃了起來。

　　臣僕們疑惑的問：「大衛王啊！你這樣做是什麼意思呢？孩子活著的時候，你不吃不喝，哭泣不止，現在孩子死了，你倒反而起來又吃又嚼。」

　　大衛王說：「孩子還活著的時候，我不吃不喝，哭泣不已，是因為我想到也許天神耶和華會憐恤我，說不定還有希望不讓我的孩子死去；如今孩子都死了，怎麼樣也無法復活了，我又何必繼續用禁食、哭泣來折磨自己呢？我怎麼做都不能使死去的孩子回來了！」

　　這個故事當然只是一個傳說，但其中傳遞了一個深刻的哲理：接受你所不能改變的。如果你努力過了，奮鬥過了，爭取過了，即使失敗我們也沒有必要感到遺憾與悲傷，因為一切都已經無法改變，一切努力與悲傷都於事無補。有時候，我們需要認命，需要放棄。

　　身處困境，人要「改變你所不能接受的」，同時，也要「接受你所不能改變的」。這不是什麼文字遊戲，而是兩句非常具有哲理的睿智之

語。

學會面對生活中的不幸

德國哲學家叔本華（Arthur Schopenhauer）認為：人生中許多災難和意外，都是我們的意志所種下的種子，經過一段時間的醞釀而形成的。而決定命運的種子，就是每個人的「決定」。

前面我們已經說過，命運往往掌握在我們自己手裡，因此即使是一些微不足道的小決定，也會導致嚴重的後果，而一些小決定累積起來，也會影響大決定的成敗。

從前有一個人提著網去捕魚，不巧下起了大雨，他一賭氣，將網撕破了。網撕破了還不夠，他又因氣惱一頭栽進了池塘，再也沒有爬上來。這個故事告訴我們下雨不能捕魚，等天晴就是了。不要讓一場雨下進心裡，不要讓一口怨氣久久不能散去，從而輸掉青春、愛情、可能的輝煌和一伸手就能摘到的幸福。

人們在生活中常常會遇到一些這樣或那樣、幸與不幸的遭遇，要接觸各種各樣的機緣，要經歷種種的坎坷與風雨，這些都是人在自己人生的航程路線上必不可少的風景。如果一個人天生就生活在一個優渥而又無憂無慮的家庭，他的未來早已被他的家人安排、設計好了，而且家人還為他的人生鋪好了一條陽光般的道路讓他能夠順順利利的去走，可以說他的人生根本不需要自己操心，不需要自己去闖，更不需要他的翅膀來承擔生活的重擔。但這樣一個所謂「含著金磚」出世的人，他能體味到人生的滋味嗎？他能擁有人世間真正的幸福嗎？人生真正的幸福莫過於用自己的力量取得成功所換來的喜悅。人生的禍福讓人難以預料，假若有一天，他將獨自面臨這個社會，面對自己的人生，他恐怕無法承載生活給予他的沉重壓力。

　　生活對每個人都是平等的，不會對誰有任何的厚待與眷顧。人生，是在無數的瑣碎小事、無數個小小的甜蜜、小小的失落之中滑過去，迎接未來。

　　不要幻想生活總是那麼圓滿，也不要幻想生活是在四季中永遠享受春天，每個人的一生都注定要跋涉山谷，品嘗苦澀與無奈，經歷挫折與失意。我們要學會面對生活中的不幸。

　　生活中的不幸，是人生不可避免的，而這些不幸，早晚都會過去，時間會沖淡痛苦的感覺，「這沒有什麼了不起的」，自己在心中重複幾次，絕不能因為不幸的打擊，就變得憔悴萬分，而應該不再痛苦，振作起來，做你自己應該做的事情。

　　有一個人，他的性情並不太開朗，但他待人接物從不見有焦躁緊張的時候，這並不是因為他好運亨通。細細觀察體會，會發現他有一些與眾不同的反應方式：比如，他被小偷偷走了錢包，發現後嘆息一聲，轉身便會去問丟失的身分證、工作證、月票補辦的方法。有一次，他去參加電視臺的知識大賽，闖過預賽、初賽，進入複賽，正洋洋得意，不料，卻收到了複賽被淘汰的通知書。他抱怨了幾句，中午，卻興致勃勃的又拜師學起橋牌來。這些，反映出他的一種很根本的思考模式，那就是承認事實。事實一旦來臨，不管它有多麼悖於心願，但這畢竟是事實。大部分人的心理會在此時否認反抗，但豁達者，他的興奮點會迅速繞過這種無益的心理衝突區，馬上轉移到之後該做什麼的想法上去了。事後，也的確會發現，發生的不可再改變，不如做些彌補的事情後立刻轉向，而不讓這些事在情緒的波紋中擴大它的陰影。這堪稱是一種最大的心理力量。

　　這也恰似哲人所言：「所謂幸福的人，是只記得自己一生中滿足之處的人；而所謂不幸的人，是只記得與此相反的內容的人。」每個人的滿足與不滿足，並沒有太多的區別差異，而幸福與不幸福相差的程度，卻會相當巨大。

不要為小事煩惱

我們生活的每一天並不會時時受到那些不完美的缺憾所困擾，但一定會經常因一些繁瑣的小事而影響心情。有一個人正準備享用一杯香濃的咖啡，餐桌上放滿了咖啡壺、咖啡杯和糖，忽然一隻蒼蠅飛進房間，嗡嗡作響、往糖上飛，這個人頓時好心情全無，他煩躁無比，就起身用各種工具追打蒼蠅，於是片刻之間，將房間弄得亂七八糟，桌子翻了、壺灑了、杯碎了、咖啡汁遍地皆是，而最後蒼蠅還是悠悠從窗戶逃走了。

我們活著的每一天，可能有很多人遇到過類似的情景，讓一點小事影響原本極為美妙的享受，瞬間快樂無存。然而人生短暫，記住千萬不要浪費時間，去為小事煩惱。一個人會覺得煩惱，是因為他有時間煩惱。一個人為小事煩惱，是因為他還沒有大煩惱。

世事繁雜，生活中遇到不如意的事是常事。從偉人到芸芸眾生，無不皆然。算起來生活中哪一天沒有不順心的事？工作不如意、同事間的誤會、錢不夠花等，把自己陷在這些煩惱中，即使風和日麗也會覺得天氣不好。

西元 1945 年 3 月，一名美國青年羅伯特‧摩爾在中南半島附近海下 84 公尺深的潛水艇裡，學到了一生中最重要的一課。

當時摩爾所在的潛水艇從雷達上發現一支日軍艦隊朝他們開來，他們發射了幾枚魚雷，但沒有擊中任何一艘艦。這個時候，日軍發現了他們，一艘布雷艇直直朝他們開來。3 分鐘後，天崩地裂，6 枚深水炸彈在四周炸開，把他們直壓到海底 84 公尺深的地方。深水炸彈不停投下，整整持續了 15 個小時。其中，有十幾枚炸彈就在離他們 15 公尺左右的地方爆炸。倘若再近一點的話，潛艇就會被炸出一個洞來。

摩爾和所有的士兵一樣都奉命靜躺在自己的床上，保持鎮定。當時的摩爾嚇得不知如何呼吸，他不停對自己說：這下死定了……潛水艇內的溫度達到攝氏 40 多度，可是他卻怕得全身發冷，一陣陣的冒虛汗。15 個小時後，攻擊停止了。顯然是那艘布雷艇在用光了所有的炸彈後開走了。

　　摩爾覺得這 15 個小時好像有 15 年。他過去的生活一一浮現在眼前，那些曾經讓他煩憂過的無聊小事更是記得特別清晰 —— 沒錢買房子，沒錢買汽車，沒錢讓妻子買好衣服，還有為了點芝麻小事和妻子吵架，還有為額頭上一個小疤發愁……。

　　可是，這些令人發愁的事，在深水炸彈威脅生命時，顯得那麼荒謬、渺小。摩爾對自己發誓，如果他還有機會再看到太陽和星星的話，他永遠不會再為這些小事憂愁了！

　　這是一個經過大災大難才能悟出的人生箴言！英國著名作家迪斯雷利（Benjamin Disraeli）曾精闢指出：「為小事而生氣的人，生命是短促的。」的確，如果讓微不足道的小事時常吞噬我們的心靈，這種不愉快的感覺會讓人可憐的度過一生。

　　有一位年過 35 歲，擁有兩家公司，業務蒸蒸日上的女總經理，她有光滑的臉龐、樸實的穿著、開朗的微笑和溫柔的語調，如果不談公事，她看來頂多像剛入社會的新鮮人。她總是開開心心的，不只大家願意和她相處，做生意時也會覺得和她合作很愉快。所以，她的生意越做越好。

　　有人問她：「如何青春永駐？」

　　問的人大約只有 20 歲，在她的認知中，35 歲已經很老很老了。

　　這位總經理回答：「我不知道，大概是因為我沒有煩惱吧！從前年輕的時候，常常為雞毛蒜皮的事煩惱得不得了，連男朋友對我說：喂！你怎麼長了顆青春痘？我都會煩惱得睡不著覺，心想：他講這句話的意思是不是他不愛我了？這種情況直到我大哥去世。

　　「我大哥從小就是個有為的青年，20 多歲就開始創業。他車禍去世前幾天，正為公司少了一筆 10 萬元的帳煩惱，我大哥一向不愛看帳簿，那個月他忽然把會計帳簿拿出來看。管會計的人是他的合夥人，因為這一筆帳去路不明，他開始懷疑兩個人多年來的合作是否都有被吃帳的問題。我嫂嫂說：他開始睡不著覺，睡不著就開始喝酒，喝酒後就變得煩躁，越煩躁越喝酒，

有天晚上應酬後開車回家，發生了車禍，他就走了……他走了之後，我嫂嫂處理他的後事時發現，他的合夥人只不過是把這個公司的 10 萬元挪到別的公司用，不久後又挪回來了。沒想到我哥為了這筆錢，煩了那麼久……。」

「從我大哥身上，我明白了：不要創造煩惱，不要自找麻煩，就以最單純的態度去應付事情本來的樣子。這也許是我不太會長皺紋的原因吧！」

也許我們從這位女經理身上可以體悟到：每個人的周圍一定有看起來像「煩惱製造機」的人，他們總在為不可能發生的事、不足掛齒的小事、事不關己的事所煩惱，在日積月累的煩惱中，他們對別人一個無意的眼神、一句無心的話都有了疑心病，彷彿在努力防衛病毒入侵，也防衛了快樂的可能。

在一座山的山坡上，有一棵大樹，歲月不曾使它枯萎，閃電不曾將它擊倒，狂風暴雨不曾將它動搖，但最後卻被一群小甲蟲的持續囓咬給毀掉了。在現實生活中，我們不會被大石頭絆倒，卻會因小石子摔倒。伏爾泰（Voltaire）曾一針見血指出：「使人疲憊的不是遠方的高山，而是鞋子裡的一粒沙子。」生活中常常困擾你的，不是那些巨大的挑戰，而是一些瑣碎的事。雖然這些事微不足道，卻能無休止的消耗你的精力。其實，反正時間一分一秒在走，難過也是一天，快樂也是一天。你的今天要怎麼過，你就能讓它怎麼過。所以，人生要想得到快樂，就要學會隨時倒出那煩人的「小沙子」。

困境中的樂觀

人在順境之中，可以樂觀、愉快的生活；人在困境中，也能樂觀、愉快的生活嗎？有的人能做到，有的人就不能。宋代有位高僧，法號叫靚禪師。一次，靚禪師去施主家做佛事，路過一小溪，因前夜天降暴雨，溪水上漲，加上靚禪師身體胖重，因而陷於溪流之中。他的徒弟連拖帶拽，將其背到岸上。靚禪師坐在亂石間，垂頭如雨中鶴。不一會兒，他忽然大笑，指溪作詩曰：

春天一夜雨滂沱，添得溪流意氣多；

剛把山僧推倒卻，不知到海後如何？

靚禪師在如此倒楣、尷尬的情況下，尚能開懷吟詩，如果沒有樂觀的
生活態度，他做得到嗎？

　　要想在困境中達觀、愉快，除了加強修養，堅定意志之外，另一個重要
的方法，就是換一個角度，站在另一個立場去看待自己所遇到的不幸，設法
從中得到快樂。靚禪師陷於溪流之中，一般人認為他會垂頭喪氣，自認倒楣
而憤恨不已。而靚禪師偏不是這樣，而是以一種藐視的態度與溪水對話，在
對話的過程中，寬釋了心懷，得到了樂趣，變煩惱為大笑，這是何等寬亮的
胸懷啊！你能像靚禪師那樣樂觀對待生活嗎？如果不能，你應該轉變一下觀
念，記住：

　　你改變不了環境，但你可以改變自己；

　　你改變不了事實，但你可以改變態度；

　　你改變不了過去，但你可以改變現實；

　　你不能控制他人，但你可以掌握自己；

　　你不能預知明天，但你可以掌握今天；

　　你不能樣樣順利，但你可以事事盡心；

　　你不能左右天氣，但你可以改變心情；

　　你不能選擇容貌，但你可以展現笑容；

　　你不能決定生死，但你可以提高生命品質。

數數你擁有的幸福

　　「數數你擁有的幸福。」諮商心理師說，「這個練習可以讓我們重新發現生
命的美好。」

　　那位先生聽了，竟當面哭了起來，他告訴心理師：「我錢沒了、老婆也跑
了，我已一無所有，又哪來的幸福？」

　　心理師柔聲問道：「怎麼會呢？你一定看得見吧？」

　　「當然！」他不解的抬起頭來。

心理師說：「很好！所以你還有眼睛嘛！你也還聽得見，也能說話。還有從這些遭遇中，你有沒有得到一些經驗？」

「有。」

「所以，你怎麼能說你一無所有呢？」

如果你心情沮喪，你可以常問問自己，有沒有一個健全的身體？有沒有關心我們的父母或伴侶？有沒有愛我們且需要我們的孩子？有沒有對未來的期待 ── 一個假期，還是一個聚會？一次等待的邀約？一個期待的夢想？……

不要為自己沒有的東西悲傷，要為自己擁有的東西歡喜。多做「數數我們擁有的幸福」這個練習，就能讓心情飛揚起來。

鍥而不捨的反面

「鍥而不捨，金石可鏤。」這是古人留下的一句著名的治學格言，也是為世人推崇的成才之道。

其實，苦學不輟持之以恆，只是一個人成才的條件之一，而其他條件，譬如機遇、天賦、愛好、悟性、體能諸項也是缺一不可的。如果你研究某一學問、學習某一技術或從事某一事業，確實條件太差，而經過相當的努力仍不見效，那就不妨學會「放棄」，以求另闢蹊徑。

比如學彈鋼琴，全世界有無數學琴的兒童，如果只是彈著玩玩倒也罷了，可是實際上許多家庭都是認認真真把孩子當個鋼琴家來培養的。很多夫婦自認為「這一輩子就這樣了」，孩子無論如何也要讓他成就一番事業。於是省吃儉用，為孩子添購了一架進口鋼琴，立志要培養出下一個 「蕭邦」、「李斯特」。再如大學入學考試，一年一度風起雲湧，一番打拚，分出高下，幾家歡喜幾家愁。受教育資源限制，不論你如何「鍥而不捨」，使盡渾身解數，錄取率就決定了必然會有一大部分考生自願或非自願「放棄」上理想大學的

願望。如果差距不大，偶爾失手，自然不妨厲兵秣馬，來年再戰；倘若成績實在差距太大，再考幾次也難有多大的提升，那就應該當機立斷，學會「放棄」。有道是「成才自有千條道，何必都擠獨木橋」，世界首富比爾蓋茲就沒上過大學，大發明家愛迪生不過才小學畢業，他們的成名、成家之路也沒有因此受到影響，你又何必鑽牛角尖呢。或許，你只退這麼一步，便會海闊天空。

人生苦短，韶華難留。選定目標，就要鍥而不捨，以求「金石可鏤」。但若目標不適合，或內外在條件不足，與其蹉跎歲月，事倍功半，不如學會放棄，「見異思遷」。如此，才有可能柳暗花明，再展宏圖。班超投筆從戎，魯迅棄醫學文，都是「改換門庭」後而大放異采的楷模。可見，如果能審時度勢，揚長避短，掌握時機，放棄，既是一種理性的表現，也不失為一種豁達之舉。

生活在五彩繽紛、充滿誘惑的世界上，每一個心智正常的人，都會有理想、憧憬和追求。否則，他便會胸無大志，自甘平庸，無所建樹。然而，歷史和現實生活告訴我們：必須學會放棄！

果斷放棄無意義的固執

什麼是「無意義的固執」？即頑固堅持已經毫無前景的目標而不思改變。當你確定了目標以後，下一步便是奠定自己的目標，或者說奠定自己所希望達到的程度。如果你決心做一下改變，就必須考慮到改變後是什麼樣子；如果你決定解決某一個問題，就必須考慮到解決過程中可能遇到的困難是什麼。如果實在不行，一定要果斷放棄無意義的固執。

當描述了理想的目標以後，你必須研究一下達到新目標所需的時間、財力、人力的花費是多少，你的選擇、途徑和方法唯有經過檢驗，方能估量出目標的現實性。

成功者的祕訣是要善於隨時審視自己的選擇是否有所偏差，合理調整目

標，放棄無謂的固執，輕鬆走向成功。

從前有兩個年輕人，一個叫小山，一個叫小水，他們住在同一村莊，成為最要好的朋友。由於居住在偏遠的鄉村謀生不易，他們就相約到外地去做生意，於是同時把田地變賣，帶著所有的財產和驢子遠行了。

他們首先抵達了一個生產麻布的地方，小水對小山說：「在我們的故鄉，麻布是很值錢的東西，我們把所有的錢拿來買麻布，帶回故鄉，一定會有利潤的。」小山同意了，兩人買了麻布細心捆綁在驢子背上。

接著，他們到達了一個盛產毛皮的地方，那裡也正好缺少麻布，小水就對小山說：「毛皮在我們故鄉是更值錢的東西，我們把麻布賣了，換成毛皮，這樣不但我們的本金回收了，返鄉後還有很高的利潤！」

小山說：「不用了，我的麻布已經安穩捆在驢背上，要搬下來多麻煩呀！」

小水把麻布全換成毛皮，還多了一筆錢。小山依然有一驢背的麻布。

他們繼續前進到一個生產藥材的地方，那裡天氣寒冷，正缺少毛皮和麻布，小水就對小山說：「藥材在我們故鄉是更值錢的東西，你把麻布賣了，我把毛皮賣了，換成藥材帶回故鄉一定能賺大錢的。」

小山拍拍驢背上的麻布說：「不了，我的麻布已經很安穩的在驢背上，何況已經走了那麼長的路，卸貨、裝貨太麻煩了！」小水把毛皮都換成了藥材，還賺了一筆錢。小山依然只有一驢背的麻布。

後來，他們來到一個盛產黃金的礦區，那充滿金礦的地區是個不毛之地，採金者非常欠缺藥材，當然也缺少麻布。小水對小山說：「在這裡藥材和麻布的價錢很高，黃金很便宜，我們故鄉的黃金卻十分昂貴，我們把藥材和麻布換成黃金，這一輩子就不愁吃穿了。」

小山再次拒絕了：「不！不！我的麻布在驢背上很穩妥，我不想變來變去呀。」小水賣了藥材，換成黃金，又賺了一筆錢，而小山依然守著一驢背的

麻布。最後，他們回到了故鄉，小山賣了麻布，只得到蠅頭小利，和他辛苦的遠行不成比例。而小水把黃金賣了，不但帶回一大筆財富，還成為當地最有錢的富豪。誰能讓思考模式變得更及時、更快，誰就能贏得精彩；那些固守死理、一成不變的人，則只能永遠平庸、無所建樹。

堅持雖是一種良好的品性，但在有些事上，過度的固執已見，會導致更大的浪費。

歷史上的永動機，曾使很多人投入了畢生的精力，浪費了大量的人力物力。因此，在一些沒有勝算掌握和科學根據的前提下，應該見好就收，知難而退。

諾貝爾獎得主萊納斯‧鮑林（Linus Carl Pauling）說：「一個好的研究者知道應該發揮哪些構想，而哪些構想應該丟棄，否則，會浪費很多時間在毫無用處的構想上。」有些事情，你雖然用了很大的努力，但你遲早會發現自己處於一個進退兩難的地步，你所走的研究路線也許只是一條死胡同。這時候，最明智的辦法就是盡快抽身退出，去研究別的項目，尋找成功的機會。

牛頓早年就是永動機的追隨者。在進行了大量的實驗之後，他很失望，他很明智的退出了對永動機的研究，在力學中投入更大的精力。最終，許多永動機的研究者默默而終，而牛頓卻因擺脫了無謂的研究，而在其他方面脫穎而出。

在人生的每一個關鍵時刻，審慎運用智慧，做出正確的判斷，選擇正確的方向，同時別忘了及時檢視選擇的角度，適時調整。放棄無謂的固執。冷靜用開放的心胸做正確抉擇。每次正確無誤的抉擇將指引你走向通往成功的坦途。

你還可以拒絕付出

在一片美麗的海岸邊，有一個商人坐在一個小漁村的碼頭上，看著一個漁夫划著一艘小船靠岸，小船上有好幾尾大黃鰭鮪魚。這個商人對漁夫捕了

這麼多魚恭維了一番，然後問他要多少時間才能捕這麼多？

漁夫說，一下子就能捕到了。商人再問，你為什麼不工作久一點，好多捕一些魚？漁夫回答：這些魚已經足夠我一家人生活所需啦！商人又問：那麼你一天剩下那麼多時間都在幹什麼？

漁夫說：我呀？我每天睡到自然醒，出海捕幾條魚，回來後跟孩子們玩一玩，睡個午覺，黃昏時，晃到村子裡喝點小酒，跟哥兒們玩一玩、聊聊天，我的日子過得充實又忙碌呢！

商人不以為然，幫他出主意，他說：我是一個成功的商人，我建議每天多花一些時間去捕魚，到時候你就有錢去買條大一點的船。你自然就可以捕更多魚，再買更多的漁船，然後你就可以擁有一個漁船隊。到時候你就不必把魚賣給魚販，而是直接賣給加工廠，或者你可以自己開一家罐頭工廠。如此你就可以控制整個生產、加工處理和銷售。然後你可以離開這個小漁村，搬到大城市，在那裡經營你不斷擴充的企業。

漁夫問：這要花多少時間呢？

商人回答：十五到二十年。

漁夫問：然後呢？

商人大笑著說：然後你就可以在家坐享清福啦！

漁夫追問：然後呢？

商人說：到那個時候你就可以退休了！你可以搬到海邊的小漁村去住。每天悠閒睡到自然醒，出海隨便捕幾條魚，跟孩子們玩一玩，再睡個午覺，黃昏時，晃到村子裡喝點小酒，跟哥兒們聊聊天。

商人的話一落音，連自己也發窘了。他紅著臉，在漁夫意味深長的注視下知趣而退。

聰明商人的所謂建議，只不過是要漁夫花幾十年的時間，去換取一份悠

閒的生活罷了 —— 而這份生活，漁夫本來就擁有！

　　靜下心來想一想，我們忙忙碌碌，到底追求的是什麼呢？如果你追求的是一種波瀾壯闊的生活，你絕對可以按照商人的建議去做；但如果你追求的是一種明淨澹泊的生活，為什麼要付出那麼多？

堅持與放棄有衝突嗎

　　有人曾問一位成功的企業家，成功的祕訣是什麼？這位企業家毫不猶豫回答：第一是堅持，第二是堅持，第三還是堅持。沒想到他最後又加了一句：第四是放棄。確實，在一定的條件下，放棄也可能成為走向成功的捷徑。條條大路通羅馬，東邊不亮西邊亮。尋找到與自己才能相符合的新的努力方向，就有可能創造出新的輝煌。

　　人不應該輕言放棄，因為勝利常常孕育在「再堅持一下」的努力之中。古時愚公移山，是一種偉大的堅持；軍隊千里長征也是一種偉大的堅持；科學家的發明創造也是一種偉大的堅持。法國傑出的生物學家巴斯德（Louis Pasteur）有句名言：「我唯一的力量就是我的堅持精神。」不少人在前進的道路上，本來只要再多努力一些，再忍耐一些，就可以取得成功，但卻放棄了，結果與即將到手的成功失之交臂。只有經得起風吹雨打，在各種困難和挫折面前永不放棄的人，才有可能獲得成功。但是，在某些情況下，你已經付出了最大的努力，但卻未能取得理想的結果。這就需要認真考慮一下：如果是自己選定的目標、方向與自己的才能不相符，就需要勇敢選擇放棄，尋找另一條出路，沒有必要在一棵樹上吊死。軍事上有「打得贏就打，打不贏就跑」之說，明明知道不是敵人的對手，勝利無望，卻硬要雞蛋往石頭上碰，白白去送死，不是太蠢了嗎？這時最好的選擇就是「打不贏就跑」。這不是懦弱，而是一個有大智慧的勇敢：勇敢承認自己的選擇錯了。

　　當然，勇於放棄並不是毫不在乎，也不是隨隨便便，而是以平常心對待

一切，既要抓住機遇，勤奮努力，又要放棄那些不切實際的幻想和難以實現的目標，做到不急躁、不抱怨、不強求、不悲觀。人生在世，不可能沒有追求，沒有為之奮鬥的目標。但是人生如果總是無休無止的追求，而不知道放棄，對完全沒有可能實現的目標仍然窮追不捨，結果不但會無端浪費時間和精力，而且會因達不到預期目標而煩惱不堪、痛苦不已。正確的態度是：既要有所追求，又要有所放棄，該得到的得到，心安理得；不該得到的，或得不到的則主動放棄，毫不足惜。學會放棄，你就能告別因為求之不得而帶來的諸多煩惱和苦悶，就會丟掉那些壓得你喘不過氣來的沉重包袱，就會輕裝前進，就會活得瀟灑和滋潤。

拿創業來說，放棄對於每一個創業者來說都是件痛苦不堪的事情。然而，在適當的時候放棄是一種成功。因為，適時的放棄能讓你挪出精力去做更有意義的事情，能讓你避免浪費有限的資金以便「東山再起」。

說放棄令人痛苦不堪，既是因為它猶如割肉般痛苦，還因為極難掌握放棄的時間，掌握這個分寸是非常困難的。我認為，當你確定現有的資金無法讓你支撐到新的資金注入時，就應該果斷放棄。如果你一定要堅持到「彈盡糧絕」，那麻煩就會更大，千萬別去賭「天上會掉下餡餅」來。當市場發生重大變化使你的核心競爭力大大降低，而你又無法拿出應對措施時應該放棄，別讓自己「死」得太慘，如果那樣，也許你連「東山再起」的機會都沒了。

手張開就可以擁有一切

因為放不下到手的名利、職務、待遇，有的人整天東奔西跑，荒廢了工作也在所不惜；因為放不下誘人的錢財，有的人成天費盡心機，利用各種機會想撈一把，結果卻是作繭自縛；因為放不下對權力的占有欲，有的人熱衷於溜鬚拍馬、行賄受賄，不怕丟掉人格的尊嚴，一旦事件敗露，後悔莫及……。

生命如舟。生命之舟載不動太多的物欲和虛榮。要想使之在抵達理想的

彼岸前，不中途擱淺或沉沒，就只能輕載，只取需要的東西，把那些可放下的東西果斷放掉。

假如你的腦袋像一個塞滿食物的冰箱，你應該考慮什麼東西應該丟掉，否則，永遠不可能有新的東西放進來。不丟掉，有些東西反而還會在裡面慢慢腐壞；有些東西，丟了可惜，但放一輩子，也吃不了。所謂的「人生觀」，大概就是如何為自己的「冰箱」決定內容物的去留問題吧！

生活中，每個人都應該學會考慮，學會放棄。考慮之際，有掙扎有猶豫。沒有人能夠為你決定什麼該捨，什麼該留。所謂的豁達，也不過是明白自己能正確處理去留和取捨的問題。丟掉一個並不會對你產生多大影響的東西，你會對自己說，你可以做得比現在更好，還怕找不到更好的？

在工作與生活中，我們每個人時時刻刻都在取與捨中選擇，我們又總是渴望著取，渴望著占有，常常忽略了捨，忽略了占有的反面：放棄。

其實，能懂得放棄的真諦，也就能理解 「失之東隅，收之桑榆」的妙諦。多一點中庸的思想，靜觀萬物，體會像宇宙一樣博大的胸襟，我們自然會懂得適時有所放棄，這正是我們獲得內心平衡，獲得快樂的祕方。

在電影《臥虎藏龍》裡，李慕白對師妹曾說過這樣一句話：「把手握緊，什麼都沒有，但把手張開就可以擁有一切。」這一取捨的道理誰都知道，可身體力行卻是很困難的。

其實有時會得到什麼、失去什麼，我們心裡都很清楚，只是覺得每樣東西都有它的好處，權衡利弊，哪樣都捨不得放手。現實生活中，並沒有在同一情形下勢均力敵的東西。它們總會有高低之差，因此，你應該選擇那個對長遠利益更重要的東西。有些東西，你以為這次放棄了，就不會再出現，可當你真的放棄了，你會發現它在日後仍然不斷出現，和當初它來到你身邊時沒有任何不同。所以那些你在不經意間失去的並不重要的東西，其實都可以重新爭取回來。

第八章　向困境中崛起的強者學習

斯巴昆說：「許多人的一生之所以偉大，那是來自他們所經歷的巨大困難。」精良的斧頭、鋒利的斧刃是從爐火的冶煉與磨削中得來的。很多人，具備「大有作為」的資質，但是，由於一生中沒有與「困境」搏鬥的機會，沒有充分的「挫折」磨鍊，不足以刺激起其內在的潛能，而終生默默無聞。

困境不全然是我們的仇敵，有時也會是恩人。逆境可以鍛鍊我們「克服困難」的種種能力。自然界的大樹，不與暴風驟雨搏鬥過千百回，樹幹不會長得結實。人不遭遇種種逆境，他的人格、本領，也不會成熟。一切磨難、憂苦與悲哀，都是足以助長我們、鍛鍊我們的「塑化劑」。

在某場戰役中，一顆炮彈把戰區中一座美麗的街心花園炸毀了。但在那被炮火所炸開的泥縫中，卻忽然發現一股泉水噴射而出。從此以後，這裡就成了一個永久不息的噴泉。困境與苦難，能將我們的心靈炸碎。但在那被炸開的裂縫中，會有豐盛的經驗、新鮮的歡愉不停噴發出來！有許多人不到窮困潦倒時，不會發現自己的力量，不經災禍的折磨，不能發掘出「自己」。困苦、逆境，彷彿是將生命鍊成「美好」的鐵錘與斧頭，它們能使一個人變得堅強、變得無敵 —— 無數古今中外的強者，都證明了這一點。

臥薪嘗膽的勾踐

吳越兩國本為鄰邦，吳國趁越王逝世之際，發兵攻越，結果大敗而歸，吳王闔閭受傷而亡。從此兩國結下了仇怨，其實，這種仇怨的本質並非什麼國恨家仇，實則是雙方都想吞併對方來擴大自己的領土，增加本國勢力而已。

闔閭死後，他的兒子夫差繼位。為了替父報仇，他絲毫沒有懈怠，經過兩年的準備，吳王以伍子胥為大將，伯嚭為副將，傾國內全部精兵，經太湖向越國殺來，越國毫無抵抗之力，一戰即敗，勾踐走投無路，後來透過伯嚭商談達成了議和。

　　議和的條件是，要越王勾踐和他的妻子到吳國來做奴僕，隨行的還有大夫范蠡。吳王夫差讓勾踐夫婦到自己的父親吳王闔閭的墳旁，為自己養馬。那是一座破爛的石屋，冬天如冰窟，夏天似蒸籠，勾踐夫婦和大夫范蠡在這裡生活了 3 年。除了每天一身土、兩手馬糞以外，夫差出門坐車時，勾踐還得在前面做馬伕。每當從人群中走過的時候，就會有人嘰嘰喳喳譏笑：「看，那個牽馬的就是越國國王！」

　　這實在是讓人難以忍受，勾踐由一國之君變成奴僕，忍了，為人養馬備受奴役，也忍了，而他之所以會強忍著這所有的一切屈辱，為的就是日後的崛起。勾踐的性格高明之處就在這裡，雖面對一切屈辱，但從容自若，因為他非常明白，目前的情況只有忍辱，才有可能日後東山再起，如果不忍，不要說東山再起，恐怕連命都保不住。這似乎與傳統的大英雄、大丈夫「寧為玉碎不為瓦全」、「士可殺不可辱」的傳統有些背離，這些都是對那些寧死不屈、誓死不降的英雄們的讚語，其大無畏氣概固然讓人讚嘆，但也有一句教人處世的俗語是：「留得青山在，不怕沒柴燒。」後來那位頂天立地的西楚霸王項羽就為我們留下了很多足以深思的道理，烏江岸邊，烏江亭長熱情招呼他：「江東雖小，可足夠大王稱王稱霸，日後也能幹一番大事業。」而項羽是個寧折不彎的漢子，哪肯過江呢？他悲憤拔劍自刎身亡。也許項羽過江後，楚漢相爭會是另一番結果，也許他能一統天下……雖然這些都是也許，可從另一角度看，這些英雄人物不妨屈尊一忍，設法日後再重新崛起。

　　勾踐不但性格能忍，而且還工於心計，他抓住了吳國君臣貪財好色的弱點，讓留在國內的大夫文種不斷向吳王進貢一些珍禽異獸、瑰寶美女，同時還不斷送一些賄賂給伯嚭。伯嚭收了越國的賄賂，不斷在吳王夫差面前為勾踐說情，吳王夫差對勾踐也產生了好感。勾踐這一著的確屬害，他以忍來激勵自我，同時還用計使吳王君臣縱情聲色，荒廢朝政。

　　後來有一個絕佳的事件為勾踐回國創造了機會。吳王病了，勾踐為表忠心，在伯嚭的引導下，去探視吳王，正碰上吳王大便，待吳王出恭後，勾踐

嘗了嘗吳王的糞便，便恭喜吳王，說他的病不久將會痊癒。這件事在吳王放走勾踐與否的選擇上，有關鍵作用。或許是勾踐真的懂得醫道，察言觀色能看出吳王的病快好了；或許是勾踐有意恭維吳王；或許是上天垂青勾踐，總之，吳王的病真的好了，勾踐此時已澈底取得了吳王的信任，吳王見勾踐真的順從自己，就把他放了。

　　勾踐在這件事上所表現出來的忍辱的確是一般人做不到的。我們不排除勾踐是想盡一切辦法回國，就其這種行為，的確讓人自歎弗如。縱觀這一時期勾踐的忍，是極其恭順的忍。因為勾踐很明白，這種為人奴僕的生活可能是茫茫無期，也可能近在咫尺。何也？因為這完全取決於吳王，只要吳王高興，對自己所做的事滿意，那麼自己就有可能會提前獲得自由，所以，勾踐極盡恭順討好吳王。當然，這裡面有陰險的成分，這是人格的問題，我們自然不提倡，但勾踐的忍卻值得後人敬佩和慨嘆！

笑到最後的是強者

　　勾踐回國復位後，想到在吳國受的屈辱，內心燃燒著復仇的怒火。但時機尚未成熟，他還必須忍耐，努力治理國家，等到兵精糧足時便一舉伐吳。於是，他取來豬的苦膽放在座位旁，或坐或臥都要仰視苦膽，每頓飯前嘗一點苦膽。他為激勵自己復仇的心願，經常自己問自己：「勾踐，你忘了會稽山的恥辱了嗎？」他還和普通人一樣去農田耕作，讓夫人像普通婦女一樣親自紡線織布，吃粗劣的飯食，穿普通衣服，尊重賢才，虛心待賢，救貧弔喪，與老百姓同甘共苦。

　　身處困境，當形勢使人低頭時，需要堅忍不拔，忍辱負重，其終極目標是為了達到扭轉乾坤。勾踐堅韌能忍是為了滅吳興越，忍到一定程度總有爆發的一天，如果一味忍下去，則是性格懦弱的表現。勾踐終於忍到該向吳國進攻復仇的時候了。結果正如勾踐所願，一戰便把吳軍殺得大敗。這次卑躬屈膝的不再是越王勾踐了，而是吳王夫差。夫差也想向當年勾踐向自己稱臣

為奴一樣，打算投降於勾踐。勾踐很可憐夫差，想答應夫差的請求，但被范蠡勸住了。最終吳國滅亡了，吳王夫差自殺身亡。當時中原的幾個大諸侯國，都處於低潮中，不少小國投降於勾踐，於是勾踐儼然成了最後一代春秋霸主。勾踐終於一吐胸中 20 多年的屈辱晦氣，完成了復仇稱霸之偉業。

國王、奴僕、霸主，把勾踐人生命運起伏的軌跡勾畫得清清楚楚，難道我們不能從中得到啟發嗎？

歷經磨難的重耳

晉文公重耳之所以能稱霸諸侯。主要得益於他在困境面前的百折不撓、堅忍不屈。他曾在外逃亡 19 年，歷盡艱辛，後來終於回國當了國君，試想，如果沒有堅強的個性和不屈的精神，又怎能成功呢？

晉文公在流亡之前沒有受過多大的磨難。他父親晉獻公的前半生曾是一位較有作為的君主，把晉國治理成了北方的大國。但晉獻公晚年卻犯了一個巨大的錯誤，唯夫人之言是聽，這也難怪，在那個時代有身分地位的男人，有三妻四妾是常事，而且還引以為榮，這也是時代的產物。

晉獻公晚年寵愛年輕貌美的驪姬，這個驪姬倒也有手段，害死了太子申生，又要害重耳，重耳只得逃往外地。應該說，驪姬在某種程度上還幫了重耳，如果沒有她的迫害，重耳不可能流亡在外，沒有機會歷練出成就大事的本事，也就沒有辦法當上晉國的國君。如果哥哥申生繼位，重耳最多只能當個親王。但歷史選擇了讓重耳流亡的命運，流亡並沒有使重耳消沉，反而使他的思想成熟，磨鍊了他的意志，淨化了他的人格，造就了他，成為繼齊桓公之後第二個春秋霸主。

禍不單行，福無雙至。當晉獻公死後，秦國和齊國插手晉國另立新君的事，都想從中撈到好處。於是他們共同立了狡詐殘忍的夷吾為晉國新君，這位新君總覺得重耳在外是個心腹大患，就派人追殺他。可憐流亡在外的重耳，先是遭到父親寵姬的迫害，這次又要遭到自己弟弟的追殺，不得不亡命

天涯。這也不足為怪，在那個時代為爭奪王位，手足相殘的何止一二，可問題是，重耳並沒有與弟弟爭奪晉國國君之位，而且還流亡國外，從情理上應該躲過這一劫。

眾人拾柴渡難關

一個人縱然意志再堅強，品性再優秀，也需要有人輔佐才能成就大事，尤其是在艱難時期，不是嗎？勾踐再能忍，如果沒有文種和范蠡的幫助，也可能變成孤魂野鬼，重耳也不例外。他手下也有一些忠直之臣追隨他，其中比較著名的有狐毛、狐偃、狐射姑、先軫、介子推、顛頡等人，這些人有膽略，有才能，他們追隨重耳在狄國住了 12 年，不僅如此，重耳在狄國的妻子也是深明大義之人，當重耳得知夷吾要派人刺殺他，他準備逃走時，對妻子說：「如果過 25 年我不來接你，你就改嫁吧。」妻子卻說：「好男兒志在四方，你放心走吧。我現在已經 25 歲了，再過 25 年就是 50 歲的老太婆了，想改嫁也沒人要。你不用擔心我，儘管走吧，我等著你。」由於夷吾派來的刺客提前一天趕來，重耳未來得及收拾好行裝就匆匆忙忙逃走了，所以重耳一行人不得不到處乞討。貴為一國公子，落難之時，到處乞討活命，需要有絕大的勇氣，更要有堅韌的性格，兩種生活境遇，猶如從天堂跌入地獄，如果沒有堅強的性格，又怎能承受得了？重耳承受住了苦難和屈辱，後來才做了春秋霸主。

重耳一行人打算去齊國。但必須經過衛國，衛君是個很勢利的人，見重耳是落難之人，不想幫他，便不讓他從衛國通過，這並沒有難倒重耳一行人，他們只好繞行，實在餓得忍受不了，只好向農夫乞討，農夫有意嘲笑他們，遞了一塊土，幸虧被一位智慧的大臣巧妙化解了。人在難處時，有意想不到的困難，沒有碰不到的困難，當重耳餓得頭暈眼花時，一位大臣為他端來一碗肉湯，他喝完了才知道肉是從大臣腿上割下來的，想一想，這種苦難能有幾人受得了！重耳卻承受住了，或許他知道，自己不能就這樣消沉下去。

成就霸業顯身手

一個人的性格只有在特殊的環境中才能表現出來，堅韌性格也是一樣，如果太平盛世，百姓安居，自己安安穩穩做太平皇上，又何來磨難呢？重耳顛沛流離，朝不保夕，這種情況沒有使他消沉，而是一直在尋找復出的機會，等待東山再起。

多年的流亡生活不但磨鍊了重耳的意志力，而且還有一個更大的收穫，那就是豐富的政治經驗，因為在當時，國與國之間的鬥爭形勢複雜，在這種形勢下，除非有絕對的軍事實力和經濟實力，不然，不用說稱霸諸侯，恐怕保住領土和政權完整就算不錯了。重耳就是在這種形勢下流亡各國的，雖歷經磨難，但也使得他變成了一個成熟的政治家，在複雜的爭鬥環境中也顯得遊刃有餘。

例如，重耳流亡到楚國時，楚成王把他當成貴賓接待，重耳對楚成王十分尊敬，兩人成了好朋友。當時，楚國大臣子玉要殺掉重耳，以除後患，但被楚成王阻止了。有一次宴會上，楚成王開玩笑說：「公子將來回到晉國，不知拿什麼來報答我？」重耳說：「玉石、綢緞、美女你們並不缺、名貴的象牙、珍奇的禽鳥就出產在你們的國土上，流落到晉國來的不過是你們的剩餘物資，我真不知拿什麼來報答您。託您的福，如果我能回到晉國，萬一有一天兩國軍隊不幸相遇，我將後退三舍來報答您。如果那時還得不到您的諒解，我就只好驅兵與您周旋了。」

雖只是開玩笑，但這一提問也是一個很難回答的問題，弄不好也會使楚國君臣不悅，嚴重的話可能會有性命之憂，況且楚國大臣本來就反對留下重耳，要殺掉他。他的回答可說是得體的，後來為了稱霸諸侯，晉、楚兩國果然兵戎相見了。晉文公憂心忡忡，面對來犯的楚軍，連忙下令晉軍「退避三舍」。晉軍很不解，狐偃就要人向軍士廣為宣傳，說這是晉文公為了報答楚王的恩惠，實現以前的諾言。而實際上，這是激將法，激勵晉軍士氣，樹立

晉文公的威望。從軍事等角度看，晉軍後退可使楚軍疲憊，避開楚軍的銳氣。因此，晉文公的「退避三舍」是以退為進的策略，實在是一箭雙雕的高明之舉。

後來，重耳在秦國的幫助下，果然當上了晉國國君，他就是晉文公。晉文公 43 歲外逃狄國，55 歲到了齊國，61 歲到了秦國，即位時已 62 歲了。他流浪 19 年，雖說他在齊國時有一段安定的生活，但總體來說過的是寄人籬下、顛沛流離的日子，他受盡了人情冷暖，嘗盡了世間的酸甜苦辣，見識了各國政治風雲，鍛練了治國平天下的才能。終於把自己磨鍊成了一個有治之君。

縱觀晉國由亂到治的過程，確實引人深思。晉文公及其 19 年的磨鍊，為他即將創造的霸業準備了良好的客觀條件，所以晉文公稱霸也並非偶然，是各方面因素積累的結果。

毫不誇張的說，是困境成就了重耳的千秋霸業，這正如千錘百鍊磨礪出寶劍的鋒芒。在重耳流亡時，他缺吃少穿不說，還要對付各種追兵，諸侯各國的歧視，這一切困難都沒有動搖重耳稱王稱霸之心，逆境更能讓人學到本領，其結果無疑是成功的。但又有多少人能受得了肉體和精神的雙重磨難呢？

晉文公的流亡、登基、稱霸之路，無一不是在困境中步步艱難走出來的，可現實中的那些失敗者又有誰忍得了遠不及晉文公的磨難呢？這的確引入深思。

「阿修羅」松下幸之助

從一個家境貧寒，只讀了小學四年級、年僅 9 歲就遠離家鄉到百里之外的城市「打工」的命運棄子，到成為受全世界人矚目的松下電器總裁兼董事長，松下幸之助走過的是多麼艱難曲折的道路？

　　松下幸之助曾被美國《時代週刊》尊稱為「經營之神」與「管理之神」，還曾被日本高中生評選為「最尊敬的人」。他現在不僅是日本國民精神的象徵，也是世界上眾多青年爭相學習的楷模。他那近乎傳奇的創業故事，激勵與鼓舞了一代又一代人的創業。

　　松下幸之助已經不再只是一個稱呼，它還被賦予了更深層次的含義：一種奮鬥向上、不屈不撓的精神；一種愛民愛國、盡心敬業的品格；一門經營與管理的學問。有人說松下幸之助的一生簡直就是一個阿修羅（戰爭之神），不管白天還是黑夜，他總是在不停戰鬥，為了自己的理想、榮譽，為了日本的繁榮、富強而不停戰鬥。

　　松下幸之助於西元 1894 年出生在日本和歌山縣的一個鄉村。4 歲那年，一場罕見的龍捲風襲擊了和歌山縣，將松下幸之助家的房屋摧毀。緊接著，他的父親松下正楠因做投資生意而將祖傳的土地賠得一乾二淨。

　　彷彿一夜之間，天災人禍接踵而至，松下幸之助原本殷實的家庭，落入上無片瓦、下無寸土的境地。無奈之下，正楠帶著全家搬家謀生。

　　正楠在朋友的幫助下，開了一家小店。但由於他經營不善，小店不久就關了門。雪上加霜的是，同一年，松下幸之助的大哥、大姐和二哥都死於流行疾病。這樣一來，正在「尋常小學校」讀一年級的松下幸之助，成了多災多難的正楠夫婦唯一的兒子。

　　次年，松下正楠為生活所迫，隻身離家前往大阪，並在大阪找到一份穩定的工作，他用這份工作的微薄收入，維持著遠在和歌山縣的妻兒的生活。

　　1904 年深秋，讀小學四年級的松下幸之助接到父親正楠的來信。正楠在信中要求松下幸之助放棄學業，前往大阪一家火盆店當學徒。

　　就這樣，年僅 10 歲的松下幸之助離開母親，獨自踏上開往大阪的火車。

　　大阪的那家火盆店是一家自製自售的家庭小店，老闆宮田帶兩個工人在作坊做火盆，然後在店面銷售。做火盆是技術活，還輪不到新學徒上手。松下幸之助唯一能接觸火盆的工作是擦亮火盆。他用砂紙磨掉盆面的毛刺，然

後用乾草拋光。上等火盆，光是拋光，就得花一整天工夫。松下幸之助細嫩的小手很快就磨破了，並且紅腫得像饅頭。時值初冬，早晨用涼水洗漱時，龜裂磨破之處揪心的痛。

松下幸之助哭著去了父親做事的盲啞學校。父親輕揉著兒子的手說：「要堅持住呀，吃得苦中苦，方為人上人。」他狠心把兒子送了回去。

松下幸之助最難過的一關，大概是忍受不了孤獨。10 歲，本是在父母膝下享受疼愛的年齡，可他卻要獨立謀生。每晚店鋪打烊就寢後，松下幸之助便想起母親，哭個不停，然後在抽泣聲中墜入夢境。有時會在夢中驚醒，又是不停哭泣流淚。這種愛哭的毛病，在他第一次領到薪水時才稍稍改觀。他意識到自己能賺錢了，應該學學大人的樣子。

永不絕望

任何創業伊始，除了決心之外，都會面臨資金、人員等問題，松下自然也不例外。

松下的創業資本不到 100 日元，按照當時創立小型工廠的慣例，這一點點資金只是杯水車薪，買一臺機器或做一套模具都不會少於 100 日元。這一點資金，就想開一家小型工廠，並且生產產品，只要稍稍做一點財務預算，就可得出結論：注定不會成功。松下後來這樣回憶說：「這樣做未免太輕率了，可是當時的我卻不這麼想，反而精神抖擻，覺得前途充滿希望與光明。」

松下那 100 日元不到的資金，怎麼節省都不夠用。就在他們一籌莫展之際，終於向朋友借到寶貴的 100 日元。有了這 100 日元，加上原有的資金，資金的問題總算勉強解決了。

經過 3 個月緊張的工作，松下的家庭作坊終於在 1917 年 10 月中旬生產出電器插座。

接下來是產品的推銷。一連 10 天，松下的合夥創業者森田君不停在大阪奔波，好不容易賣了 100 多個，收到的現金還不到 10 元。匯總從各電器行

回饋而來的意見，結論是：這種插座不好使用。

這個結論無疑暴露了產品設計的最大弱點—沒能站在客戶的立場考慮問題。松下最一開始是這樣想的：你用那種形式的插座能接通電源，那麼，我採用這種形式的插座能不能接通電源？試驗得出的結論是：能。但有沒有市場前景呢？松下沒考慮過這些問題，這些道理是在這次慘敗之後才悟出的。

鬥志昂揚

從 1917 年 7 月到 10 月，松下幸之助投入了所有的創業資金，卻只回收了不到 10 日元的資金。松下幸之助並沒有因首戰失利而絕望，相反的，他還是如最初那樣鬥志昂揚。他的下一步準備從產品改良著手，試圖用性能良好的產品改善銷售的窘境。

然而，產品的改良是需要資金的。此時的松下幸之助已經到了連吃飯都成問題的地步，要到哪裡去籌這筆錢呢？

時間一天一天過去了，原先雄心勃勃的合作夥伴森田和林伊三郎不得不為了生計，離開了松下幸之助的電器製造所。

松下幸之助會退縮嗎？不，他不會。他仍然獨自的、默默的、苦苦的支撐著他的事業。

眼看年關快到了，那一年，大阪的冬天特別冷。松下幸之助的改良新插座製作，因資金匱乏陷於停頓，照這樣硬撐，家庭工廠在來年只有關門這條路了。但是天無絕人之路 —— 12 月份的一天，松下非常意外的接到某電器商會的通知：急需 1,000 個電風扇的底盤。對方說：「時間很緊迫，如果你們的產品品質良好的話，每年兩三萬臺的需求量都是有可能的。」

松下並不知道他們是如何找到他這家瀕臨倒閉的家庭小作坊而下訂單的。在第二次改良插座之際，他曾去過一些電器行做過市場調查，也為第二次的產品銷售事先聯絡感情。松下只是介紹他準備推出的新型插座，壓根沒談及過電風扇底盤。

電風扇底盤是由川北電器行訂購的。他們原本用的底盤是用陶器製作的，既笨重，又容易破損，於是，才想到要改用合成樹脂。他們挑選了好幾家製造商，最後才確定找松下的這家家庭工廠。這是因為他們認為，松下生產的插座不好使用，但作為原料的合成樹脂本身卻沒有問題；松下的家庭工廠沒有正規產品，因此會全力以赴製作電風扇底盤。為此，他們還暗地裡來探視、考察過。那時候，大阪的電器製造廠大多是小本經營，不過松下的小作坊還不算非常寒酸。

松下馬上把改良插座的計畫擱下，全身心投入底盤製作。妻子井植梅之作出重大犧牲，把嫁妝的首飾拿去典當。松下憑著這點珍貴而又可憐的資金，找模具廠訂做模具。一連 7 天，松下都蹲在模具廠一個勁親自監督模具的製作。

這可是千載難逢的生意，如果出錯了，以後就不會有第二次。模具做好後，製作了六個樣品送往川北電器行鑑定，他們說：「可以，請立即投入批量生產，12 月底先交 1,000 個。如果好，緊接著再訂購四五千個，也不成問題。」

松下帶著內弟井植歲男投入製造，披星戴月。當時的設備只有壓模機和加熱的鍋爐。歲男才 15 歲，個子特別矮小，力氣也小，因此，壓模全由松下一人擔當。當時的壓模機還沒有電力，全靠手工，這可是件笨重的體力活，對體弱的松下來說，實在是勉為其難。松下一心想趕時間出產品，並不覺得苦。歲男負責將成品擦亮，松下調配塑膠料時，他蹲在地上燒火。整個廠房煙霧彌漫，刺鼻且有毒的柏油氣味薰得人眼淚、鼻涕淋漓俱下。

每天的進度是 100 個，不到月底，終於把 1,000 個訂貨交清。電器行的職員滿意的說：「不錯不錯，川北老闆一定會很高興，我們會再讓你們做一些業務。」

松下收到 160 元現金，除去模具材料等費用，大約足足賺了 80 元。這是松下家庭工廠第一次盈利，喜悅之情，難以言表。

松下幸之助在一次演講中談到「永遠不要絕望」這一個話題時，有一位年輕的聽眾問道，如果做不到怎麼辦。松下幸之助斬釘截鐵回答：「如果做不到的話，那就抱著絕望的心情去努力工作。」

1945 年 8 月 15 日，日本無條件投降，戰爭結束了。第二天，松下幸之助把全公司幹部都集合在禮堂，宣布立即由軍需生產轉變為民生必需品的生產方針。但駐軍總部陸續發表了戰後處理與民主化的政策，基於這些政策，日本的政治、經濟和人民生活，都受到了影響。松下電器在一紙命令之下，不得不停止生產民生必需品的計畫。松下幸之助不再保持沉默，立刻命令幹部，向相關單位提出強烈抗議。經過再三說明，終於在 9 月 14 日核准收音機的生產，其他產品也陸續得到許可。到了 10 月間，整個工廠已經完成了生產準備。

1945 年 11 月，開始戰後第一次銷售收音機、熱水器等產品。由於這一段時間的人事費用及轉變生產所需費用的增加，銷售額一個月不到 100 萬日元，借入的款項已達 2 億日元以上。每個月光是利息，就得負擔 80 萬日元以上。設備不足、原料供應困難，使得效率低下。種種惡劣條件加在一起，使得生產無法如期進行。然而，松下幸之助深信經營將會好轉。這次困難，完全是因為經濟混亂的緣故，受影響的並非只有松下一家，只要全體員工同心協力，必然能打開一條光明大道。

當時有不少工會採取破壞性行動，但松下電器公司的融洽勞資關係，從未因此而喪失相互之間的了解與協調；因而能在社會經濟混亂的時代，一面提高勞動條件，一面為擁護松下電器的發展基礎，合作無間。然而，由於薪水不斷調整，產品卻被控制在公定價格之內，因此松下電器生產的產品越多，辭職的員工也增加了，局面非常艱苦。

1946 年 3 月，松下電器被盟軍總部指定為「財閥」，一切和松下電器及其子公司有關的資產，全都被凍結了。松下幸之助認為這項指定莫名其妙。松下幸之助並不是財閥，他擁有股份的公司在戰爭期間雖多至 30 家，但就

規模而言，把這些子公司全部加起來，還不及其他財閥的一家子公司。松下電器公司，是松下幸之助這一代白手起家建立起來的，不過二十多年的歷史，等於一家普通電器廠擴大而已，跟現在的財閥經由好幾代經營的情形不同。平時的營業專案，屬於和平用途的家電產品，過去在軍方的要求下參加軍需工業，但也為此舉債，成了戰爭受害人，被指定為財閥是完全的錯誤，必須加以糾正。以後 4 年，松下幸之助去東京駐軍總部共 50 多次，不斷提出抗議。

在他的堅持下，終於在 1949 年底獲得「財閥」的解除令。至於限制公司的指令，也在 1950 年解除，松下電器終於能夠自由展開企業活動了。

1948 年 1 月，松下電器又遇到另一個新的危機。為了抑制戰後嚴重的不景氣，政府從 1948 年春天起，開始緊縮貨幣，因此物價上升的趨勢緩和了許多。然而產業界卻遭遇到了嚴重的資金困難，企業紛紛倒閉。松下電器在 1946 年初的每月銷售金額，為 370 萬日元，到了 1947 年，已經增長到每月 1 億日元。但進入 1948 年之後，成長就開始緩慢下來了。

當年秋季，資本金僅有 4,630 萬日元的松下電器，借款已高達 4 億日元，而且還有 3 億日元的未付支票、未付款項，使得員工的薪水，不得不從 10 月份起分期付款。在這期間，松下幸之助從銀行貸款 3 億日元，希望謀求改善。由於產品預期漲價比原來預定晚了很多，好不容易借出來的資金，為彌補一時之急，幾乎都用光了。第二年的情況更加惡化了，松下幸之助發表了重建經營的根本方針，也就是進行工廠的整頓，僅留下一些優良產品，採取集中生產的方式，以減低成本，再加強促銷，才將局勢再次扭轉過來。

鐵窗硬漢曼德拉

有人說，在當今的國家元首中，沒有一個人能夠像南非總統納爾遜‧曼德拉（Nelson Mandela）那樣榮耀。的確，這個有著傳奇經歷的黑人領袖，

一生中獲獎無數，尤其是諾貝爾和平獎，更使他蜚聲全球而顯得無上光榮。

西元 1918 年 7 月 18 日，南非開普省烏姆塔塔的一個滕布族酋長家添了個男孩，這個男孩子就是納爾遜‧霍利薩薩‧曼德拉。

滕布人居住在群山環抱的山坡上，他們的村落裡有一座座粉刷雪白的茅屋，四周種滿了相思樹，村子的外面是一塊塊玉米田，曼德拉就是在這個和平、寧靜的山谷中度過了自己的童年。

到了讀書的年齡，曼德拉進了當地一所白人傳教士開辦的教會學校，從教會學校畢業後，曼德拉考入南非唯一招收黑人學生的黑爾堡大學。隨著知識的不斷積累，曼德拉卻越來越陷入一種心靈的迷茫之中，300 多年的種族隔離，使生活在南部非洲的這個三面環海的國家的黑人和其他有色人種，備受歧視和壓迫。於是他開始義無反顧投身到反對白人種族主義統治的學生運動中。不久，雖然他讀書非常用功，學校還是因他參加學生運動而將他退學。這時候部落的長老建議他回去繼承酋長的職務，但曼德拉拒絕了，他已下定決心要獻身南非人民的解放事業。

1941 年，這個身材魁梧的黑人酋長的兒子，從他世代居住的山谷，來到了南非第一工業大城市 —— 約翰尼斯堡。並在那裡加入了維護非洲人利益的組織 —— 非洲人國民大會（簡稱「非國大」），不久他就成了「非國大」的領導成員之一，從此開始了他職業革命家的生涯。

1952 年，南非當局頒布具歧視性質的「人口登記法」。為了抵制這個法令，曼德拉發動了「蔑視運動」，號召黑人罷工罷市，示威的黑人群眾成群結隊湧進限定白人使用的公共場所。這是南非有史以來第一次有組織的反對種族主義的群眾運動，它的浩大聲勢使白人當局驚恐萬分。於是政府下令禁止曼德拉參加政治活動，但「非國大」卻因曼德拉成功推動「蔑視運動」，而選他為這個組織的副主席。

1958 年曼德拉因參加政治運動被關押，從監獄中保釋出來後，他利用僅有的四天假期和溫妮（Winnie Madikizela-Mandela）結婚，婚禮先在女方

家中舉行，按照當地的傳統，另一半的婚禮應在男方家裡舉行。但因為時間上不允許，另一半婚禮沒有舉行，曼德拉不得不告別妻子回到獄中。為此，溫妮一直珍藏著那半塊婚禮蛋糕，她等待著與曼德拉相聚的這一天。

1960 年，南非員警開槍鎮壓示威群眾，不久又下令取締「非國大」。「非國大」開始轉為祕密活動，為應變形勢的變化，曼德拉著手建立了稱為「民族之矛」的軍事組織，並親自擔任總司令。為了掌握武裝鬥爭的策略，曼德拉在這一時期閱讀了克勞塞維茲（Carl Philipp Gottfried von Clausewitz）和切格瓦拉（Che Guevara）等人的著作，為了爭取國際社會對「非國大」的支持，曼德拉還多次祕密出國訪問，會見了許多非洲國家領導人。1962 年 8 月 5 日，曼德拉在約翰尼斯堡附近被捕，從此開始了他長達 27 年的鐵窗生涯。

在獄中，曼德拉先後讀完了倫敦大學法律、經濟和商業的專門課程，還自學了一門外語。

曼德拉不僅堅持學習，而且還利用一切機會和囚犯交朋友，為他們講述反對種族隔離的道理。由於他經常帶領獄友與當局抗爭，南非當局只好把他祕密轉移到開普敦的中央監獄。當局表示只要他放棄武裝鬥爭，就恢復他的自由，但是曼德拉堅定回答：「自由絕不能討價還價。」

感恩與寬容

1990 年 2 月 11 日，開普敦監獄大門打開了，年已 71 歲的曼德拉走出牢門，這天，世界各國派來採訪他的記者多達 2,000 人，曼德拉出獄的第一張照片被人用百萬美元買走。出獄後，曼德拉成為非國大的主席，繼續帶領反對種族隔離制度的鬥爭。他率領代表團，與總統戴克拉克（Frederik Willem de Klerk）為首的白人政府代表團進行談判，經過不懈努力，最終促使政府逐步放寬種族隔離，並同意進行南非第一次真正意義上的全民選舉。

1991 年，曼德拉當選總統，在他的總統就職典禮上的一個舉動震驚了整個世界。就職儀式開始了，曼德拉起身致辭歡迎他的來賓。他先介紹了來

自世界各國的重要人士，然後他說，雖然他深感榮幸能接待這麼多尊貴的客人，但他最高興的是當初他被關在監獄時看守他的 3 名前監獄人員也能到場。他邀請他們站起身，以便他能介紹給大家。

曼德拉博大的胸襟和寬宏的精神，讓南非那些殘酷虐待了他 27 年的白人汗顏得無地自容，也讓所有到場的人蕭然起敬。看著年邁的曼德拉緩緩站起身來，恭敬的向 3 個曾關押他的看守致敬，在場的所有來賓以至整個世界，都靜下來了。後來，曼德拉向朋友們解釋說，自己年輕時性子很急，脾氣暴躁，正是在獄中學會了控制情緒才活了下來。他的牢獄歲月給了他時間與激勵，使他學會了如何處理自己遭遇苦難的痛苦。他說，感恩與寬容經常源自痛苦與磨難，必須以極大的毅力來訓練。他說起獲釋出獄當天的心情：「當我走出囚室、邁過通往自由的監獄大門時，我已經清楚，自己若不能把悲痛與怨恨留在身後，那麼我其實仍在獄中。」

幽默與風趣

曼德拉有一次在全非洲領導人參加的重要會議上演講，因為年事已高，不小心把講稿的頁次弄亂了。這本來是一件很尷尬的事情，但是曼德拉卻不同，他一邊整理講稿，一邊風趣的說，你們要原諒一個老人把講稿的頁次弄亂，不過我知道在座的一位總統，也曾經把講稿弄亂。但是與我不同的是，他沒有發現，而是照樣往下念。會場頓時響起經久不息的掌聲，因為演講中斷而帶來的尷尬也煙消雲散。到演講結束的時候，曼德拉又來了一次幽默。他說：感謝大會授予我卡馬勳章，我現在退休在家，如果哪一天缺錢花了，我就拿到大街上去賣，我知道在座有一個人一定會花大價錢買的，他就是我們的總統姆貝基（Thabo Mbeki）。姆貝基和在座的所有人都被曼德拉的幽默而感動，他們起立為曼德拉鼓掌，目送這位風趣的老人退場。

　　曼德拉的幽默和風趣，來自他坎坷多難的人生歷程。這個南非的民族鬥士，28 年被關押在荒涼的羅本島上與人世隔絕。他正是在漫長的牢獄生活中錘鍊培養成了樂觀、豁達、風趣的品格，從而使自己笑傲苦難。

　　1975 年的時候，被當局關押了 12 年的曼德拉，被允許見自己已經 15 歲的女兒一面。曼德拉入獄的時候，女兒才 3 歲，顯然她不記得父親的任何樣子了。曼德拉為了在女兒心裡留下一個全新的形象，特意穿了很整齊的衣服，理了髮。當與女兒見面的時候，他指著寸步不離的看守對女兒說：你看到爸爸的衛兵了嗎？已經讀高中的女兒雖然知道這是爸爸的幽默，但是，她卻從爸爸的幽默中看到了爸爸的堅強和樂觀，看到了爸爸的偉大和不凡。

坎坷情感之路

　　曼德拉可以稱得上是一位「完美的政治家」，但他的個人生活卻並不美滿。除了一再經歷「白髮人送黑髮人」的喪子之痛，情感經歷也十分坎坷。1941 年，23 歲的曼德拉認識了第一位夫人伊芙琳（Evelyn Mase），兩人一見鍾情，很快就結了婚。

　　1952 年，從小就立志當律師的曼德拉終於取得了律師資格證書，他很快就投身到反種族隔離的運動中去。繁忙的工作使他難以顧及妻子和幼小的三個孩子。在他擔任非洲人國民大會全國副主席後，他們的婚姻關係也走到了盡頭。伊芙琳向曼德拉發出最後通牒：在「非國大」和她兩者之間選擇一個。結果，曼德拉選擇了前者。就這樣，曼德拉的第一次婚姻結束了。

　　曼德拉與伊芙琳共育有 3 個孩子，一個女兒、兩個兒子。1969 年，兒子馬迪巴‧桑貝基勒（Madiba Thembekile Mandela）死於車禍。

　　1956 年，22 歲的溫妮在法庭上第一次見到曼德拉，當即被這位身材魁梧、儀表堂堂的律師所吸引。1958 年 6 月，正受「叛國罪」審判的曼德拉獲准離開約翰尼斯堡與溫妮結婚，保釋候審只有 4 天時間。傳統婚禮才進行到

一半，曼德拉就被帶回法庭受審。在此期間，曼德拉常常喬裝打扮，與新婚妻子偷偷見面。

1990 年 2 月 11 日，被囚禁了 27 年的曼德拉終於重獲自由，他渴望享受家庭的溫情，卻發現妻子溫妮已經變了一個人。在婚後的 31 年裡，溫妮獨自一人將孩子撫養成人，南非政府不斷對她拘留、監禁、流放，這種動盪的生活使她養成了酗酒的惡習。考慮到多年的獨居生活和南非政府的持續迫害在溫妮的身心上造成的創傷，曼德拉企圖以寬容撫慰溫妮。可溫妮我行我素，酗酒鬧事，還公然與一位 29 歲的情人交往。曼德拉忍無可忍，斷然撤銷了溫妮的部長職務，並與其分居。1996 年，曼德拉與溫妮的婚姻終於走到了盡頭。

1996 年，在法國巴黎的一次正式宴會上，78 歲的曼德拉一語驚人：「我再次墜入了愛河。」在眾人驚愕的目光中，曼德拉滿臉幸福的公布了與莫三比克前總統馬歇爾遺孀格拉薩（Graça Machel）的戀情。

曼德拉與格拉薩在 1991 年才首次見面，但他們之間的關係卻可追溯到 20 多年前。那時，格拉薩的丈夫是莫三比克民族解放陣線的領導人，為營救曼德拉而奔走。因此，曼德拉也成了格拉薩 7 個孩子的教父。兩年前，格拉薩的女兒喬西娜考入南非約翰尼斯堡大學，教父曼德拉的家自然就成了她的落腳處，而她的母親也經常前來探望女兒。逐漸的，曼德拉與格拉薩從相識到相知，又從相知發展到相戀。

1998 年，在曼德拉 80 歲生日那天，他與 50 歲的格拉薩舉行了盛大的婚禮。他們在南非首都約翰尼斯堡郊外買了一棟漂亮的住宅，計畫在這個新家中度過退休後的大部分時光。

你的人生不是慘，只是比較多挑戰：

一路順遂哪有什麼樂趣，谷底反彈才算精彩人生！

編　　著：蔣文正，江城子

發 行 人：黃振庭

出 版 者：崧燁文化事業有限公司

發 行 者：崧燁文化事業有限公司

E-mail：sonbookservice@gmail.com

粉 絲 頁：https://www.facebook.com/
　　　　　sonbookss/

網　　址：https://sonbook.net/

地　　址：台北市中正區重慶南路一段六十一號八
　　　　　樓 815 室

Rm. 815, 8F., No.61, Sec. 1, Chongqing S. Rd.,
Zhongzheng Dist., Taipei City 100, Taiwan

電　　話：(02)2370-3310

傳　　真：(02)2388-1990

印　　刷：京峯彩色印刷有限公司（京峯數位）

律師顧問：廣華律師事務所 張珮琦律師

定　　價：299 元

發行日期：2022 年 10 月第一版

◎本書以 POD 印製

國家圖書館出版品預行編目資料

你的人生不是慘，只是比較多挑戰：
一路順遂哪有什麼樂趣，谷底反彈
才算精彩人生！ / 蔣文正，江城子
編著 . -- 第一版 . -- 臺北市：崧燁
文化事業有限公司 , 2022.10
　　面；　公分
POD 版
ISBN 978-626-332-801-3(平裝)
1.CST: 成功法 2.CST: 自我實現
177.2　　111015430

電子書購買

臉書